L'Art de faire, gouverner et perfectionner les vins.

TABLE DES CHAPITRES.

ESSAI SUR LE VIN.

ESSAI

SUR LE VIN,

PAR LE C. CHAPTAL.

VUES GÉNÉRALES.

IL est peu de productions naturelles que l'homme se soit appropriées comme aliment, sans les altérer ou les modifier par des préparations qui les éloignent de leur état primitif : les farines, la viande, les fruits, tout reçoit, par ses soins, un commencement de fermentation avant de servir de nourriture ; il n'est pas jusqu'aux objets de luxe, de caprice ou de fantaisie, tels que le tabac, les parfums, auxquels l'art ne donne des qualités particulières.

Mais c'est sur-tout dans la fabrication des boissons que l'homme a montré le plus de sagacité : à l'exception de l'eau et du lait, toutes sont son ouvrage. La nature ne forma jamais de liqueurs spiritueuses : elle pourrit le raisin sur le cep, tandis que l'art en convertit le suc en une liqueur agréable, tonique et nourrissante, qu'on appelle VIN.

Il est difficile d'assigner l'époque précise où les hommes ont commencé à fabriquer le vin. Cette précieuse découverte paraît se perdre dans la nuit des tems ; et l'origine du vin a ses fables, comme celle de tous les objets qui sont devenus pour nous d'une utilité générale.

Athénée prétend qu'*Oreste*, fils de *Deucalion*, vint régner en Etna, et y planta la vigne. Les historiens s'accordent à regarder *Noé* comme le premier qui a fait du vin dans l'Illyrie ; *Saturne*, dans la Crète ; *Bacchus*, dans l'Inde ; *Osiris*, dans l'Égypte ; et le roi *Gérion*, en Espagne. Le Poëte, qui assigne à tout une source divine, aime à croire qu'après le déluge, Dieu accorda le vin à l'homme pour le consoler dans sa misère, et s'exprime ainsi sur son origine :

Omnia vastatis ergo cum cerneret arvis
Desolata Deus, nobis felicia vini
Dona dedit ; tristes hominum quo munere fovit
Reliquias ; mundi solatus vite ruinam.

Præd. Rust. Il n'est pas jusqu'à l'étymologie du mot *vin* sur laquelle les auteurs n'aient produit des opinions différentes : mais, à travers cette longue suite de fables dont les poëtes, presque toujours mauvais historiens, ont obscurci l'origine du vin, il nous est permis de saisir quelques vérités précieuses ; et, dans ce nombre, nous pouvons placer, sans crainte, les faits suivans :

Non seulement les premiers écrivains attestent que l'art de fabriquer le vin leur était connu, mais ils avoient déjà des idées saines sur ses diverses qualités, ses vertus, ses préparations, etc. : les dieux de la fable sont abreuvés avec le *Nectar* et l'*Ambroisie*. *Dioscoride* parle du *Cœcubum dulce*, du *Surrentinum austerum*, etc. : *Pline* décrit deux qualités de vin d'*Albe* ; l'un doux, et l'autre acerbe. Le fameux *Falerne* étoit aussi de deux sortes, au rapport d'*Athénée*. Il n'est pas jusqu'aux vins mousseux dont les anciens avoient connoissance : il suffit du passage suivant de *Virgile* pour s'en convaincre :

cIlle impiger hausit
Spumantem pateram............ En lisant ce que les historiens nous ont laissé sur l'origine des vins que possédoient les anciens Romains, il paroîtra douteux que leurs successeurs aient ajouté aux connoissances qu'ils avoient en ce genre. Ils tiroient leurs meilleurs vins de la Campanie (aujourd'hui *Terre de Labour*), dans le royaume de Naples. Le Falerne et le Massique étoient le produit de vignobles plantés sur des collines tout autour de Mondragon, au pied duquel coule le Garigliano, anciennement nommé *Liris*. Les vins d'Amiela et de Fondi se récoltoient près de Gaëte ; le raisin de Suessa croissoit près de la mer, etc. Mais, malgré la grande variété de vins que produisoit le sol d'Italie, le luxe porta bientôt les Romains à rechercher ceux d'Asie ; et les vins précieux de Chio, de Lesbos, d'Ephèse, de Cos et de Clazomène, ne tardèrent pas à surcharger leurs tables.

Les premiers historiens dans lesquels nous pouvons puiser quelques faits positifs sur la fabrication des vins, ne nous permettent pas de douter que les Grecs n'eussent singulièrement avancé l'art de faire, de travailler et de conserver les vins : ils les distinguoient déjà en *Protopon* et *Deuterion*, suivant qu'ils provenoient du suc qui s'écoule du raisin avant qu'il ait été foulé, ou du suc qu'on extrait par le foulage lui-même. Les Romains ont ensuite désigné ces deux qualités sous les dénominations de *vinum primarium* et *vinum secundarium*.

Lorsqu'on lit avec attention tout ce qu'*Aristote* et *Galien* nous ont transmis de connoissances sur la préparation et les vertus des vins les plus renommés de leur tems, il est difficile de se défendre de l'idée que les anciens possédoient l'art d'épaissir et de dessécher certains vins pour les conserver très-long-tems : *Aristote* nous dit expressément que les vins d'Arcadie se desséchoient tellement dans les outres, qu'il falloit les racler et les delayer dans l'eau pour les disposer à servir de boisson : *ita exsiccatur in utribus ut derasum bibatur.* *Pline* parle de vins gardés pendant cent ans, qui s'étoient épaissis comme du miel, et qu'on ne pouvoit boire qu'en les délayant dans l'eau chaude et les coulant à travers un linge : c'est ce qu'on appeloit *saccatio vinorum.* *Martial* conseille de filtrer le Cécube :

> *Turbida sollicito transmittere Cœcuba sacco.*

Galien parle de quelques vins d'Asie qui, mis dans de grandes bouteilles qu'on suspendoit au coin des cheminées, acquéroient par l'évaporation la dureté du sel. C'étoit là l'opération qu'on appeloit *fumarium.*

C'étoit sans doute des vins de cette nature que les anciens conservoient au plus haut des maisons et dans des expositions au Midi : ces lieux étoient désignés par les mots : *horreum vinarium, apotheca vinaria.*

Mais tous ces faits ne peuvent appartenir qu'à des vins doux, épais, peu fermentés, ou à des sucs non-altérés et rapprochés ; ce sont des extraits plutôt que des liqueurs ; et peut-être n'étoit-ce qu'un *résiné* très-analogue à celui que nous formons aujourd'hui par l'épaississement et la concentration du suc du raisin.

Les anciens connoissoient encore des vins légers qu'ils buvoient de suite : *quale in Italia quod Gauranum, vocant et Albanum, et quœ in Sabinis et Tuscis nascuntur.*

Ils regardoient le vin récent comme chaud au premier degré ; le plus vieux passoit pour le plus chaud.

Chaque espèce de vin avoit une époque connue et déterminée, avant laquelle on ne l'employoit point pour la boisson : *Dioscoride* détermine la septième année comme un terme moyen pour boire le vin. Au rapport de *Galien* et d'*Athénée*, le Falerne ne se buvoit, en général, ni avant qu'il eût atteint l'âge de dix ans ni après celui de vingt. Les vins d'Albe exigeoient vingt ans d'ancienneté ; le *Surrentinum*, vingt-cinq, etc. *Macrobe* rapporte que *Cicéron* étant à souper chez *Damasippe*, on lui servit du Falerne de quarante ans, dont le convive fit l'éloge en disant qu'il portoit bien son âge : *bene, inquit, œtatem fert.* *Pline* parle d'un vin servi sur la table de *Caligula*, qui avoit plus de cent soixante ans. *Horace* a chanté un vin de cent feuilles, etc.

Depuis les historiens grecs et romains, on n'a pas cessé de publier des écrits sur les vins ; et, si nous considérons que cette boisson est une des branches de commerce les plus considérables de l'Europe, en même tems qu'elle fait la principale source de la richesse de plusieurs nations situées sous divers climats, nous serons moins étonnés du grand nombre d'écrits publiés sur ce sujet, que de la foiblesse avec laquelle on a traité une matière si intéressante. J'avoue que j'ai été frappé moi-même de cet excès de médiocrité ; et j'ai cru en trouver la cause dans la fureur qu'ont eu presque tous les auteurs de ne voir jamais qu'un pays, qu'un climat, qu'une culture ; et de prétendre convertir en principe général ce qui n'est souvent qu'un procédé essentiellement dépendant d'une localité.

D'un autre côté, la science qui devoit perfectionner les arts, en les éclairant, n'existoit pas encore ; la théorie de la fermentation, l'analyse des vins, l'influence des climats, n'étoient pas rigoureusement calculées ; et c'est néanmoins à ces connoissances que nous devons les principes invariables qui doivent assurer les pas de l'agriculteur dans les procédés de la *vinification* ; c'est à elles seules que nous devons cette langue scientifique à l'aide de laquelle tous les hommes, tous les pays, comuniquent entr'eux.

Il me paroît que dans l'art de fabriquer le vin, comme dans tous ceux qui doivent être éclairés par les vérités fondamentales de la physique, on doit commencer par connoître parfaitement la nature de la matière même qui fait la base de l'opération, et calculer ensuite avec précision l'influence qu'exercent sur elle les divers agens qui sont successivement employés.

Alors on se fait des principes généraux qui dérivent de la nature bien approfondie du sujet ;

et l'action variée du sol, du climat, des saisons, de la culture, les variétés apportées dans les procédés des manipulations, l'influence marquée des températures, etc., tout vient s'établir sur ces bases. Ainsi je n'irai pas proposer aux agriculteurs du midi les procédés de culture et les méthodes de vinification pratiquées dans le nord ; mais je déduirai de la différence des climats la cause de la différence que présentent les raisins sur ces divers points ; et la nature bien connue des raisins de chaque pays me fera sentir la nécessité d'en varier la fermentation.

CHAPITRE PREMIER.

Du Vin considéré dans ses rapports avec le sol, le climat, l'exposition, les saisons, la culture.

CE n'est pas assez de savoir que la nature du vin varie sous les différens climats, et que la même espèce de vigne ne produit pas par-tout indistinctement la même qualité de raisin. Il faut encore connoître la cause de ces différences pour pouvoir se faire des principes, et savoir non seulement ce qui est, mais prévoir et annoncer ce qui doit être.

Ces causes sont toutes dans la différence des climats, dans la nature et l'exposition du sol, dans le caractère des saisons et les procédés de culture. Nous dirons successivement ce qui est dû à chacun de ces divers agens, et nous en déduirons des conséquences naturelles tant sur la nature de la terre que réclame la vigne, que sur le genre de culture qui paraît lui convenir le mieux.

Les principes généraux que nous allons établir, en parlant de chacune de ces causes en particulier, reçoivent beaucoup d'exceptions : on le sentira facilement si l'on réfléchit que l'action de l'une de ces causes peut être contrariée par la réunion de tous les autres agens qui masquent ou détruisent son effet naturel. Ainsi la bonté du sol, la convenance du climat, la qualité de la vigne, peuvent contre-balancer l'effet de l'exposition, et présenter du bon vin là où, d'après l'exposition considérée isolément, on le jugeroit devoir être de mauvaise qualité. Mais nos principes n'en sont pas moins rigoureux ; et la seule conséquence qu'on peut tirer de ces contradictions apparentes, c'est que, pour avoir le vrai résultat, il faut tenir compte de l'action de toutes les causes influentes, et les considérer comme les élémens nécessaires du calcul.

ARTICLE PREMIER.

Du Vin considéré dans ses rapports avec le climat.

Tous les climats ne sont pas propres à la culture de la vigne. Si cette plante croît et paroît végéter avec force dans les climats du nord, il n'en est pas moins vrai que son fruit ne sauroit y parvenir à un degré de maturité suffisant ; et il est une vérité constante, c'est qu'au-delà, du 50e. degré de latitude, le suc du raisin ne peut pas éprouver une fermentation qui le convertisse en une boisson agréable.

Il en est de la vigne par rapport au climat, comme de toutes les autres productions végétales. Nous trouverons vers le nord une végétation vigoureuse, des plantes bien nourries et très-succulentes, tandis que le midi ne nous offre que des productions chargées d'arome, de résine et d'huile volatile. Ici tout se convertit en *esprit* ; là tout est employé pour la *force*. Ces caractères très-marqués dans la végétation se répètent jusque dans les phénomènes de l'animalisation, où l'*esprit*, la *sensibilité*, paroissent être l'apanage des climats du midi, tandis que la *force* paroît être l'attribut de l'habitant du nord.

Les voyageurs anglais ont observé que quelques végétaux insipides du Groënland acquéroient du goût et de l'odeur dans les jardins de Londres. *Reynier* a vu que le mélilot, qui a une odeur pénétrante dans les pays chauds, n'en conservoit aucune en Hollande. Tout le monde sait que le venin très-exalté de certaines plantes et de plusieurs animaux s'éteint et s'émousse progressivement dans les individus qui se nourrissent dans des climats plus voisins du nord.

Le sucre lui-même paroît ne se développer d'une manière complète dans quelques végétaux, que dans les pays chauds ; la canne à sucre, cultivée dans nos jardins, ne fournit presque plus de principe sucré ; et le raisin est lui-même aigre, âpre ou insipide, au-delà du 50e. degré de latitude.

L'arome ou le parfum du raisin, ainsi que le principe sucré, est donc le produit d'un soleil pur et constant. Le suc aigre ou acerbe qui se développe dans le raisin, dès les premiers momens de sa formation, ne sauroit être convenablement élaboré dans le nord : ce caractère primitif de verdeur existe encore lorsque le retour des frimas vient glacer les organes de la maturation.

Ainsi, dans le nord, le raisin, riche en principes de putréfaction, ne contient presque aucun élément de fermentation spiritueuse ; et le suc exprimé de ce fruit, venant à éprouver les phénomènes de la fermentation, produit une liqueur aigre dans laquelle il n'existe que la proportion rigoureusement nécessaire d'alkool pour interrompre les mouvemens d'une fermentation putride.

La vigne, ainsi que toutes les autres productions de la nature, a des climats qui lui sont affectés : c'est entre le 40 et 50e. degré de latitude qu'on peut se promettre une culture avantageuse de cette production végétale. C'est aussi entre ces deux termes que se trouvent les vignobles les plus renommés et les pays les plus riches en vins, tels que l'Espagne, le Portugal, la France, l'Italie, l'Autriche, la Stirie, la Carinthie, la Hongrie, la Transylvanie, et une partie de la Grèce.

Mais, de tous les pays, celui, sans doute, qui présente la situation la plus heureuse, c'est la France : nul autre n'offre une aussi grande étendue de vignobles, ni des expositions plus variées ; nul ne présente une aussi étonnante variété de température. On diroit que la nature a voulu verser sur le même sol toutes les richesses territoriales, toutes les facultés, tous les caractères, tous les tempérammens, comme pour nous présenter dans le même tableau toutes ses productions. Depuis la rive du Rhin jusqu'au pied des Pyrénées, presque par-tout on cultive la vigne ; et nous trouvons, sur cette vaste étendue, les vins les plus agréables comme les plus spiritueux de l'Europe. Nous les y trouvons avec une telle profusion, que la population de la France ne sauroit suffire à leur consommation ; ce qui fournit des ressources infinies à notre commerce, et établit parmi nous un genre d'industrie très-précieux, la distillation et le commerce des eaux-de-vie.

D'un autre côté, l'énorme variété de vins que possède la France établit dans l'intérieur et au dehors une circulation d'autant plus active, qu'il est plus facile au luxe et à l'aisance d'en réunir toutes les qualités.

Mais, quoique le climat frappe ses productions d'un caractère général et indélébile, il est des circonstances qui modifient et brident son action, et ce n'est qu'en écartant avec soin ce qu'apporte chacune d'elles, qu'on peut parvenir à retrouver l'effet du climat dans toute sa pureté. C'est ainsi que, quelquefois, nous verrons, sous le même climat, se réunir les diverses qualités de vin, parce que le terrein, l'exposition, la culture, modifient et masquent l'action immédiate de ce grand agent.

D'un autre côté, il est des plants de vigne qui ne laissent pas le choix de les cultiver indistinctement sous telle ou telle latitude. Le sol, le climat, l'exposition, la culture, tout doit être approprié à leur nature inflexible ; et la moindre interversion apportée dans ce caractère naturel en altère essentiellement le produit. C'est ainsi que les vignes de la Grèce, transportées en Italie, n'ont plus donné le même vin ; et que les vignes de Falerne, cultivées au pied du Vésuve, ont changé de nature. L'expérience nous confirme, chaque jour, que les plants de Bourgogne, transportés dans le midi, n'y fournissent plus un vin aussi délicat et aussi agréable.

Il est donc prouvé que les qualités qui caractérisent certains vins ne peuvent pas se reproduire sur plusieurs points : il faudroit pour cela l'influence constante des mêmes causes ; et, comme il est impossible de les réunir toutes, il doit nécessairement s'ensuivre des changemens et des modifications.

Concluons de ce qui précède, que les climats chauds, en favorisant la formation du principe sucré, doivent produire des vins très-spiritueux, attendu que le sucre est nécessaire à sa formation. Mais il faut que la fermentation soit conduite de manière à décomposer tout le sucre du raisin ; sans cela, on n'auroit que des vins liquoreux et très-doux, ainsi qu'on l'observe dans quelques climats du midi, et dans tous les cas où le suc sucré du raisin se trouve trop rapproché pour éprouver une décomposition complète.

Les climats plus froids ne peuvent donner naissance qu'à des vins foibles, très-aqueux, quelquefois agréablement parfumés ; le raisin dans lequel il n'existe presque pas de principe sucré ne sauroit fournir à la formation de l'alkool qui fait toute la force des vins. Mais comme, d'un autre côté, la chaleur produite par la fermentation de ces raisins est très-modérée, le principe aromatique se conserve dans toute sa force, et contribue à rendre ces boissons très-agréables, quoique foibles.

ARTICLE II.

Du Vin considéré dans ses rapports avec le sol.

La vigne croît par-tout : et, si l'on pouvoit juger de la qualité du vin par la vigueur de la végétation, ce seroit aux terreins gras, humides et bien fumés qu'on en confieroit la culture. Mais l'expérience nous a appris que presque jamais la bonté du vin n'est en rapport avec la force de la vigne ; l'on diroit que la nature, jalouse de répartir et d'affecter à chaque qualité de terre un genre particulier de production, a réservé les terreins secs et légers pour la vigne, et a confié la culture des grains aux terres grasses et bien nourries :

Hic segetes, illic veniunt feliciùs uvæ.

C'est par une suite de cette admirable distribution, que l'agriculture couvre de produits variés la surface de notre planète ; et il ne s'agit que de ne pas interrompre l'ordre naturel, et d'appliquer à chaque lieu la culture qui lui convient, pour obtenir presque par-tout des récoltes fécondes et variées.

Nec verò terræ ferre omnes omnia possunt :
Nascuntur steriles saxosis montibus orni ;
Littora myrtetis lætissima : deniquè apertos
Bacchus amat colles.........

Les terres fortes et argileuses ne sont pas du tout propres à la culture de la vigne : non seulement les racines ne peuvent pas s'étendre et se ramifier convenablement dans ce sol gras et serré ; mais la facilité avec laquelle ces couches se pénètrent d'eau, l'opiniâtreté avec laquelle elles la retiennent, nourrissent un état permanent d'humidité qui pourrit la racine, et donne à tous les individus de la vigne des symptômes de souffrance qui en assurent bientôt la destruction.

Il est des terres fortes qui ne partagent pas les qualités nuisibles qui appartiennent aux terreins argileux dont nous venons de parler. Ici la vigne croît et végète librement ; mais cette force même de la végétation nuit encore essentiellement à la bonne qualité du raisin, qui parvient difficilement à la maturité, et fournit un vin qui n'a ni esprit ni parfum. Néanmoins ces sortes de terreins sont quelquefois consacrés à la vigne, parce que l'abondance supplée à la qualité, et que très-souvent il est plus avantageux à l'agriculteur de cultiver en vigne, que de semer des grains. D'ailleurs ces vins foibles, mais abondans, fournissent une boisson convenable aux travailleurs de toutes les classes, et présentent de l'avantage pour la distillation, attendu qu'ils exigent peu de culture, et que la quantité supplée essentiellement à la qualité.

Il est encore connu de tous les agriculteurs que les terreins humides ne sont pas propres à la culture de la vigne. Si le sol, sans cesse humecté, est de nature grasse, la plante y languit, se pourrit et meurt : si, au contraire, le terrein est ouvert, léger et calcaire, la végétation peut y être belle et vigoureuse ; mais le vin qui en proviendra ne peut pas manquer d'être aqueux, foible et sans parfum.

Le terrein calcaire est, en général, propre à la vigne : aride, sec et léger, il présente un support convenable à la plante ; l'eau, dont il s'imprègne par intervalles, circule et pénètre librement dans toute la couche ; les nombreuses ramifications des racines la pompent par tous les pores ; et, sous tous ces rapports, le sol calcaire est très-favorable à la vigne. En général, les vins récoltés sur le calcaire sont spiritueux ; et la culture y est d'autant plus facile, que la terre est légère et peu liée ; d'ailleurs, il est à observer que ces terreins arides paroissent exclusivement destinés pour la vigne ; le manque d'eau, de terre végétale et d'engrais, repousse jusqu'à l'idée de toute autre culture.

Mais il est des terreins plus favorables encore à la vigne ; ce sont ceux qui sont, à-la-fois, légers et cailouteux ; la racine se glisse aisément dans un sol que le mélange d'une terre légère et d'un caillou arrondi rend très-perméable ; la couche de galets qui couvre la surface de la terre la défend de l'ardeur desséchante du soleil ; et, tandis que la tige et le raisin reçoivent la bénigne influence de cet astre, la racine convenablement abreuvée, fournit les sucs nécessaires au travail de la végétation. Ce sont des terrains de cette nature qu'on appelle dans divers pays : *terrains cailouteux, pays de grès, vignobles pierreux, sablonneux,* etc.

Les terres volcanisées nourrissent encore des vins délicieux. J'ai eu occasion d'observer que, dans plusieurs points du midi de la France, les vignes les plus vigoureuses, les vins les plus capiteux, étaient le produit des débris de volcans. Ces terres vierges, long-tems travaillées dans le sein du globe par des feux souterrains, nous présentent un mélange intime de presque tous les principes terreux ; leur tissu à demi vitrifié, décomposé par l'action combinée de l'air et de l'eau, fournit tous les élémens d'une bonne végétation ; et le feu, dont ces terres ont été imprégnées, paroît passer successivement dans toutes les plantes qui leur sont confiées. Les vins de *Tockai* et les meilleurs vins d'Italie se récoltent dans des terrains volcaniques. Le dernier évêque à d'*Agde* a défriché et planté en vignes le vieux volcan de la montagne au pied de laquelle cette ville antique est située ; ces plantations forment, en ce moment, un des plus riches vignobles du canton.

Il est des points sur la surface très-variée de notre globe où le granit ne présente plus cette dureté, cette inaltérabilité qui font en général le caractère de cette roche primitive ; il est pulvérulent, et n'offre à l'œil qu'un sable sec, plus ou moins grossier. C'est dans ces débris que, sur plusieurs points de la France, on cultive la vigne, et lorsqu'une exposition favorable concourt à en aider l'accroissement, le vin y est de qualité supérieure. Le fameux vin de l'Hermitage se récolte dans de semblables débris. Il est aisé de juger, d'après les principes que nous avons posés, qu'un sol tel que celui qui nous occupe en ce moment ne peut qu'être favorable à la formation d'un bon vin : ici nous trouvons à-la-fois cette légèreté de terrain qui permet aux racines de s'étendre, à l'eau de s'infiltrer, à l'air de pénétrer ; cette croûte cailouteuse qui modère et arrête les feux du soleil ; ce mélange précieux d'élémens terreux dont la composition paroît si avantageuse à toute espèce de végétation.

Ainsi l'agriculteur, plus jaloux d'obtenir une bonne qualité qu'une grande abondance de vin, établira son vignoble dans des terrains légers et cailouteux ; et il ne se déterminera pour un sol gras et fécond, que dans l'intention de sacrifier la bonté à la quantité[1].

ARTICLE III.

Du Vin considéré par rapport à l'exposition.

Même climat, même culture, même nature de sol, fournissent souvent des vins de qualités très-différentes : nous voyons chaque jour le sommet d'une montagne dont la surface est toute recouverte de vignes, offrir, dans ses divers aspects, des variétés étonnantes dans le vin qui en est le produit. À juger des lieux par la comparaison de la nature de leurs productions, on croiroit souvent que tous les climats, toutes les espèces de terre, ont concouru à fournir des produits qui, par le fait, ne sont que le fruit naturel de terrains contigus et différemment exposés.

Cette différence dans les produits provenant de la seule exposition se laisse appercevoir dans tous les effets qui dépendent de la végétation : les bois coupés dans la partie d'une forêt qui regarde le nord, sont infiniment moins combustibles que ceux de même espèce élevés sur les côtés du midi. Les plantes odorantes et savoureuses perdent leur parfum et leur saveur dès qu'elles sont nourries dans des terres grasses exposées an nord. *Pline* avoit déjà observé que les bois du midi de l'Apennin étoient de meilleure qualité que ceux des autres aspects ; et personne n'ignore ce que peut l'exposition sur les légumes et sur les fruits.

Ces phénomènes sensibles pour tous les produits de la végétation, le sont sur-tout pour les raisins ; une vigne tournée vers le midi, produit des fruits très-différens de ceux que porte celle qui regarde le nord. La surface plus ou moins inclinée du sol d'une vigne, quoique dans la même exposition, présente encore des modifications infinies. Le sommet, le milieu, le pied d'une colline, donnent des produits très-différens : le sommet découvert reçoit à chaque instant l'impression de tous les changemens, de tous les mouvemens qui surviennent dans l'atmosphère ; les vents fatiguent la vigne dans tous les sens ; les brouillards y portent une impression plus constante et plus directe ; la température y est plus variable et plus froide : toutes ces causes réunies font que le raisin y est, en général, moins abondant, qu'il parvient plus péniblement et incomplètement à maturité, et que le vin qui en provient a des qualités inférieures à celui que fournit le flanc de la colline, dont la position écarte l'effet funeste de la plupart de ces causes. La base de la colline offre, à son tour, de très-graves inconvéniens : sans doute la fraîcheur constante du sol y nourrit une vigne vigoureuse, mais le raisin n'est jamais ni aussi sucré, ni aussi agréablement parfumé que vers la région moyenne ; l'air qui y est constamment chargé d'humidité, la terre sans cesse imbibée d'eau, grossissent le raisin et forcent la végétation au détriment de la qualité.

L'exposition la plus favorable à la vigne est entre le levant et le midi :

Opportunus ager tepidos qui vergit ad œstus.

Les collines situées au-dessus d'une plaine dans laquelle coule une rivière d'eau vive, donnent le meilleur vin ; mais il convient qu'elles ne soient pas trop resserrées :

capertos

Bacchus amat colles…………

L'exposition du nord a été regardée de tout tems comme la plus funeste : les vents froids et humides n'y favorisent point la maturation du raisin ; il reste constamment aigre, acerbe, point sucré, et le vin ne peut que participer de ces mauvaises qualités.

L'exposition du couchant est encore assez peu favorable ; la terre desséchée par la chaleur du jour, ne présente plus, vers le soir, aux rayons obliques du soleil devenus presque parallèles à l'horizon, qu'un sol aride et dépourvu de toute humidité : alors le soleil, qui par sa position pénètre sous la vigne et darde ses feux sur un raisin qui n'est plus défendu, le dessèche, l'échauffe, le mûrit prématurément, et arrête la végétation, avant que le terme de l'accroissement et l'époque de la maturité soient survenus.

Rien n'est plus propre à faire juger de l'effet de l'exposition, que de voir par soi-même ce qui se passe dans une vigne dont le terrein inégal est semé çà et là de quelques arbres : ici toutes les expositions paroissent réunies sur un même point ; aussi tous les effets qui en dépendent s'y présentent-ils à l'observateur. Les ceps abrités par les arbres poussent des tiges longues et minces, qui portent peu de fruit, et le mènent à une maturité tardive et imparfaite. La portion la plus élevée de la vigne est, en général, plus dégarnie ; la végétation y est moins robuste, mais le raisin y est de meilleure qualité que dans les bas-fonds. C'est toujours sur la partie la plus exposée au midi qu'on rencontre le meilleur raisin[2].

ARTICLE IV.

Du Vin considéré dans ses rapports avec aux saisons.

Il est de fait que la nature du vin varie selon le caractère que présente la saison ; et ses effets se déduisent déjà naturellement des principes que nous avons établis en parlant de l'influence du climat, du sol et de l'exposition, puisque nous avons appris à connoître ce que peuvent l'humidité, le froid et la chaleur sur la formation et les qualités du raisin. En effet, une saison froide et pluvieuse, dans un pays naturellement chaud et sec, produira sur le raisin le même effet que le climat du nord ; cette interversion dans la température, en rapprochant ces climats, en assimile et identifie toutes les productions.

La vigne aime la chaleur, et le raisin ne parvient à son degré de perfection que dans des terres sèches et frappées d'un soleil ardent : lorsqu'une année pluvieuse entretiendra le sol dans une humidité constante, et maintiendra dans l'atmosphère une température humide et froide, le raisin n'acquerra ni sucre ni parfum, et le vin qui en proviendra sera nécessairement foible, insipide, abondant. Ces sortes de vins se conservent difficilement : la petite quantité d'alkool qu'ils contiennent ne peut pas les préserver de la décomposition ; et la forte proportion d'extractif qui y existe, y détermine des mouvemens qui tendent sans cesse à les dénaturer. Ces vins tournent au *gras*, quelquefois à l'*aigre* ; mais le peu d'alkool qu'ils renferment ne leur permet même pas de former de bons vinaigres : ils contiennent tous beaucoup d'acide malique, ainsi que nous le prouverons par la suite ; c'est cet acide qui leur donne un goût particulier, une aigreur qui n'est point acéteuse, et qui fait un caractère plus dominant dans les vins, à mesure qu'ils sont moins spiritueux.

L'influence des saisons sur la vigne est tellement connue dans tous les pays de vignoble, que long-tems avant la vendange, on prédit quelle sera la nature du vin. En général, lorsque la saison est froide, le vin est rude et de mauvais goût ; lorsqu'elle est pluvieuse, il est foible, peu spiritueux, abondant ; et on le destine d'avance (au moins dans le midi) à la distillation, parce qu'il seroit à-la-fois difficile à conserver et désagréable à boire.

Les pluies qui surviennent à l'époque ou aux approches de la vendange, sont toujours les plus dangereuses ; alors le raisin n'a plus assez de tems ni assez de force pour en élaborer les sucs ; il se remplit et ne présente plus à la fermentation qu'un fluide très-liquide qui tient en dissolution une trop petite quantité de sucre pour que le produit de la décomposition soit fort et spiritueux.

Les pluies qui tombent dans les premiers momens de l'accroissement du raisin lui sont très-favorables : elles fournissent à l'organisation du végétal l'aliment principal de la nutrition ; et si une chaleur soutenue vient ensuite en faciliter l'élaboration, la qualité dû raisin ne peut qu'être parfaite.

Les vents sont constamment préjudiciables à la vigne, ils dessèchent les tiges, les raisins et le sol ; ils produisent, sur-tout dans les terres fortes, une couche dure et compacte qui s'oppose au passage libre de l'air et de l'eau, et entretiennent par ce moyen, autour de la racine, une humidité putride qui tend à la corrompre : aussi les agriculteurs évitent-ils avec soin de planter la vigne dans des terreins exposés aux vents ; ils préfèrent des lieux tranquilles, bien abrités, où la plante ne reçoive que l'influence bénigne de l'astre vers lequel on la tourne.

Les brouillards sont encore très-dangereux pour la vigne ; ils sont mortels pour la fleur, et nuisent essentiellement au raisin. Outre des miasmes putrides que les météores déposent trop souvent sur les productions des champs, ils ont toujours l'inconvénient d'humecter les surfaces, et d'y former une couche d'eau d'autant plus aisément évaporable, que l'intérieur de la plante et la terre ne sont pas humectés dans la même proportion ; de manière que les rayons du soleil tombant sur cette couche légère d'humidité, l'évaporent en un instant ; et au sentiment de fraîcheur déterminé par cet acte de l'évaporation, succède une chaleur d'autant plus nuisible que le passage a été brusque. Il arrive encore assez souvent que des nuages suspendus dans les airs, en concentrant les rayons du soleil, les dirigent vers des points de la vigne qui en sont brûlés. On voit encore, dans les climats brûlans du midi, que quelquefois la chaleur naturelle du soleil, fortifiée par l'effet de la réverbération de certaines roches ou terreins blanchâtres, dessèche les raisins qui y sont exposés.

Quoique la chaleur soit nécessaire pour mûrir, sucrer et parfumer le raisin, ce seroit une erreur de croire que, par sa seule action, elle peut produire tous les effets désirables. On ne peut la considérer que comme un mode nécessaire d'élaboration, ce qui suppose que la terre est suffisamment pourvue des sucs qui doivent fournir à son travail. Il faut de la chaleur, mais il ne faut pas que cette chaleur s'exerce sur une terre desséchée ; car dans ce cas, elle brûle plutôt qu'elle ne vivifie. Le bon état d'une vigne, la bonne qualité du raisin, dépendent donc d'une juste proportion, d'un équilibre parfait entre l'eau qui doit fournir l'aliment à la plante, et la chaleur qui seule peut en faciliter l'élaboration.

ARTICLE V.

Du Vin considéré dans ses rapports avec à la culture.

Dans la Floride, en Amérique, et dans presque toutes les parties du Pérou, la vigne croît naturellement. Dans le midi même de la France, les haies sont presque toutes garnies de vignes sauvages ; le raisin en est toujours plus petit ; et quoiqu'il parvienne à maturité, il n'a jamais le goût exquis que possède le raisin cultivé. La vigne est donc l'ouvrage de la nature, mais l'art en a dénaturé le produit en en perfectionnant la culture. La différence qui existe aujourd'hui entre la vigne cultivée et la vigne sauvage est la même que celle que l'art a établie entre les légumes de nos jardins et quelques-uns de ces mêmes légumes croissant au hasard dans les champs.

Cependant la culture de la vigne a ses règles comme elle a ses bornes. Le terrein où elle croît demande beaucoup de soin ; il veut être souvent remué, mais il refuse des engrais nécessaires à d'autres plantations. Il est à noter que toutes les causes qui concourent puissamment à activer la végétation de la vigne, altèrent la qualité du raisin ; et ici, comme dans d'autres cas assez rares, la culture doit être dirigée de telle manière que la plante reçoive une nourriture très-maigre si l'on désire un raisin de bonne qualité. Le célèbre *Olivier de Serres*, nous a dit à ce sujet que, *par décret public, le fumier est défendu à Gaillac, de peur de ravaller la réputation de leurs vins blancs, desquels ils fournissent leurs voisins de Tolose, de Montauban, de Castres et autres, et par ce moyen, se priver de bons deniers qu'ils en tirent, où consiste le plus liquide de leur revenu.*

Il est cependant des particuliers qui, pour avoir une plus abondante récolte, fument leurs vignes : ceux-ci sacrifient la qualité à la quantité. Tous ces calculs d'intérêt ou de spéculation appartiennent aux seuls propriétaires. Les élémens du calcul dérivent presque tous de circonstances, de conditions, de particularités, de positions inconnues à l'historien ; et par conséquent, il lui est impossible, il seroit au moins téméraire de juger ses résultats. Il nous a suffi de connoître le principe ; c'est à l'agriculteur à faire entrer ces données dans sa conduite.

Le fumier qui paroît le plus favorable à l'engrais de la vigne est celui de pigeon ou de volaille : on rejette avec soin les fumiers puants et trop pourris, attendu que l'observation a prouvé que le vin en contractoit souvent un goût fort désagréable.

Dans les îles d'Oléron et de Ré, on fume la vigne avec le *varec* : le vin en est de mauvaise qualité et conserve l'odeur particulière à cette plante. Le citoyen *Chassiron* a observé que cette même plante, décomposée en terreau, fume la vigne avec avantage et augmente la quantité du vin, sans nuire à la qualité. L'expérience lui a appris encore que cendre du varec fait un excellent engrais pour la vigne. Cet habile agriculteur croit que les engrais végétaux ne présentent pas le même inconvénient que ceux des animaux ; mais il pense avec raison que ces premiers ne servent avantageusement, que lorsqu'on les emploie réduits à l'état de terreau.

La méthode de cultiver la vigne en échalas est moins une mode qu'un besoin commandé par le climat. L'échalas appartient aux pays froids, où la vigne a besoin de toute la chaleur d'un soleil naturellement foible. Ainsi, en l'élevant sur des bâtons perpendiculaires au terrein, la terre découverte reçoit toute l'activité des rayons ; et la surface entière du cep en est complètement frappée. Un autre avantage que présente la culture en échalas, c'est de permettre que les ceps soient plus rapprochés, et de multiplier le produit sur la même surface de terrein. Mais, dans les climats plus chauds, la terre demande à être garantie de l'ardeur dévorante du soleil ; le raisin a besoin lui-même d'être soustrait à ses feux ; et pour atteindre ce but, on laisse ramper la vigne sur le sol : alors elle forme presque partout une couche assez touffue pour dérober la terre et une grande partie des raisins à l'action directe du soleil. Seulement, lorsque l'accroissement du raisin est à son terme, et qu'il n'est plus question que de le mûrir, on ramasse en faiceau les diverses branches du cep ; on met à nu les grappes de raisin ; et par ce moyen on en facilite la maturation. Dans ce cas, on produit véritablement l'effet que produisent les échalas ; mais on n'a recours à cette méthode que lorsque la saison a été pluvieuse, lorsque les raisins sont trop abondans, ou bien lorsque la vigne existe dans un terrein gras et humide. Il est des pays où l'on effeuille la vigne, ce qui produit à-peu-près le même effet ; il en est d'autres où l'on tord le pédoncule du raisin pour en déterminer la maturité, en arrêtant la végétation. Les anciens, au rapport de *Pline*, préparoient ainsi leurs vins doux : *ut dulcia prætereà fierent, asservabant uvas diutiùs in vite, pediculo intorto.*

La manière de tailler la vigne influe encore essentiellement sur la nature du vin. Plus on laisse de tiges à un cep, plus les raisins sont abondans ; mais aussi moindre en est la qualité du vin.

L'art de travailler la vigne, la manière de la planter, tout cela influe puissamment sur la qualité et la quantité du vin. Mais ce point de doctrine a été savamment discuté dans l'article *vigne* de cet ouvrage, par mon collaborateur le citoyen *Dussieux*, et je me fais un devoir d'y renvoyer le lecteur.

Pour bien sentir tout l'effet de la culture sur le vin, il me suffiroit d'observer ce qui se passe dans une vigne abandonnée à elle-même : on y verra que le sol, bientôt recouvert de plantes étrangères, acquiert de la fermeté et n'est plus que très-imparfaitement accessible à l'air et à l'eau. Le cep n'étant plus taillé pousse de foibles rejetons, et fournit des raisins qui diminuent en grosseur, d'année en année, et parviennent péniblement à maturité. Ce n'est plus cette plante vigoureuse dont la végétation annuelle couvroit le sol à une grande distance ; ce ne sont plus ces grappes de raisin bien nourries, qui nous présentoient un aliment sain et sucré. C'est un individu rabougri, dont les fruits, aussi foibles que mauvais, attestent l'état de langueur et de dépérissement où il se trouve. Qui a produit tous ces changemens ? Le manque de culture.

Nous pouvons donc regarder la bonne qualité du terrain comme l'ouvrage de la nature : tout l'art consiste à le remuer, à le tourner à plusieurs reprises et à des époques favorables. Par ce moyen, on le nétoie de toutes les plantes nuisibles, on le dispose à mieux recevoir l'eau et à la transmettre plus aisément à la plante ; on fait pénétrer l'air avec plus d'aisance ; et, sous tous ces rapports, on réunit toutes les conditions nécessaires pour une végétation convenable. Mais lorsque, par des spéculations particulières, on a intérêt à obtenir un vin abondant, et qu'à cette considération, on peut sacrifier la qualité, alors on peut fumer la vigne, donner au cep plus de rejetons, et réunir toutes les causes qui peuvent multiplier le raisin.

↑ Quoique les principes que nous venons d'établir soient prouvés par presque toutes les observations connues, il ne faut pas cependant en conclure que les résultats soient sans exception. *Creuzé-Latouche* a observé (Mémoire lu à la Société d'Agriculture de la Seine, le 26 germinal an 8), que les vignobles précieux d'Aï, Épernai et Hautvilliers sur la Marne, ont les mêmes expositions, le même sol que les terres à blé qui les environnent. Notre observateur pense bien qu'on a tenté de convertir en vigne les terres à blé ; mais il est probable que les expériences n'ont pas été heureuses, et que par conséquent, il y a là des raisons de différence que l'inspection seule ne peut pas juger. Au reste, comme l'observe le même agriculteur, la terre primitive dans les vignobles de premier rang en Champagne, se trouve recouverte d'une couche artificielle qu'on forme avec un mélange de gazon et de fumier consommé, de terres communes prises au bas des coteaux, et quelquefois d'un sable noir et pourri. Ces terreaux se portent dans les vignes toute l'année, excepté le tems des vendanges.

↑ Les principes généraux que nous venons d'établir sur l'influence de l'exposition, reçoivent bien des exceptions : les fameux vignobles d'Epernai et de Versenai, dans la montagne de Reims, sont exposés au plein nord, dans une latitude tellement septentrionale pour les vins, que c'est dans ces lieux mêmes que se termine tout-à-coup le règne de la ville sous ce méridien. Les vignobles de Nuits et de Beaune, ainsi que les meilleurs de Beaugenci et Blois, sont au levant ; ceux de la Loire et du Cher sont au nord et au midi indistinctement ; les bons coteaux de Saumur sont au nord ; et parmi les meilleurs vins d'Angers, on en trouve à toutes les expositions. (Observations de *Creuzé-Latouche*, lues à la Société d'Agriculture de Paris.)

CHAPITRE II.

Du moment le plus favorable pour la vendange, et des moyens d'y procéder.

OLIVIER DE SERRES observe, avec beaucoup de raison, que, *si la vigne, au cours de son manîment, requiert beaucoup de science et d'intelligence, c'est en ce point de la vendange, où ces choses sont nécessaires pour, en perfection de bonté et d'abondance, tirer les fruits que Dieu par-là nous distribue.* Ce célèbre agronome ajoute que les récoltes de tous les autres fruits peuvent se faire par *procureur, où autre intérêt ne peut advenir qu'en la quantité, demeurant toujours la* *qualité semblable à elle-même* ; mais que la récolte du vin demande l'œil et la présence du propriétaire. C'est à la nécessité bien sentie de diriger et de surveiller toutes les opérations de la vendange, qu'il rapporte l'habitude où l'on est d'abandonner les villes pour se porter dans les campagnes, à l'époque de la récolte des vins.

Les tems ne sont pas éloignés, où nous avons vu que, dans presque tous les pays de vignobles, l'époque des vendanges étoit annoncée par des fêtes publiques célébrées avec solennité. Les magistrats, accompagnés d'agriculteurs intelligens et expérimentés, se transportoient dans les divers cantons de vignobles pour juger de la maturité du raisin ; et nul n'avoit le droit de le couper, que lorsque la permission en étoit solennellement proclamée. Ces usages antiques étoient consacrés dans les pays renommés par leurs vins : leur réputation étoit regardée comme une propriété commune. Et malgré qu'un tel usage entraînât quelque inconvénient, c'est peut-être à sa religieuse observation que nous devons d'avoir conservé dans toute son intégrité la réputation des vins de Bordeaux, de Bourgogne et autres pays de la France. On appellera si l'on veut un tel règlement *servitude* ; on invoquera, pour le proscrire, le droit sacré de *propriété* de *liberté*, etc. ; on fera reposer la garantie de l'intérêt général sur l'intérêt du propriétaire. Je n'entreprendrai pas de discuter en ce moment une question aussi sérieuse ; mais j'observerai seulement que l'établissement de tels usages en paroît démontrer la nécessité, parce qu'il suppose des causes qui l'ont rendu nécessaire. J'ajouterai que leur abolition a mis la fortune publique à la merci de quelques particuliers ; que l'individu qui coupe prématurément ses raisins, force ses voisins à l'alternative d'une vendange précoce ou d'une spoliation assurée ; que l'étranger, n'ayant plus de garantie pour ses achats, retire ses ordres, parce qu'il ne sait plus où reposer sa confiance. L'individu ne voit jamais que le moment : il appartient à la société de prévoir l'avenir ; elle seule peut conserver et perpétuer cette confiance sans laquelle le commerce n'est qu'une lutte pénible entre le fabricant et le consommateur.

Tout le monde convient que le moment le plus favorable à la vendange est celui de la maturité du raisin ; mais cette maturité ne peut être connue que par la réunion des signes suivans :

1°. La queue verte de la grappe devient brune ;

2°. La grappe devient pendante ;

3°. Le grain de raisin a perdu sa dureté ; la pellicule en est devenue mince et *translucide*, comme l'observe *Olivier de Serres* ;

4°. La grappe et les grains de raisin se détachent aisément ;

5°. Le jus du raisin est doux, savoureux, épais et gluant ;

6°. Les pépins des grains sont vides de substance glutineuse, d'après l'observation d'*Olivier de Serres*.

La chûte des feuilles annonce plutôt le retour de l'hiver que la maturité du raisin : aussi regardons-nous ce signe comme très-fautif, de même que la pourriture, que mille causes peuvent décider, sans qu'aucune nous permette d'en déduire une preuve de la maturité. Cependant, lorsque les gelées forcent les feuilles à tomber, il n'est plus permis de différer la vendange, parce que le raisin n'est plus susceptible de mûrir. Un plus long séjour sur le cep ne pourroit qu'en décider la putréfaction.

En 1769, les raisins encore verts, dit *Rozier*, ont été surpris par les gelées des 7, 8 et 9 octobre. Ils n'ont plus rien gagné à rester sur le cep jusqu'à la fin du mois, et le vin a été acide et mal coloré.

Il est des qualités de vin qu'on ne peut obtenir qu'en laissant dessécher sur le cep les raisins qui doivent le fournir. C'est ainsi qu'à Rivesaltes, dans les îles de Candie et de Chypre, on laisse faner le raisin avant de le couper. On dessèche le raisin qui fournit le Tokay. On procède de même pour quelques autres vins liquoreux d'Italie. Les vins d'Arbois et de Château-Châlons, en Franche-Comté, proviennent de raisins qu'on ne vendange que vers les premiers jours de nivôse. À Condrieu, où le vin blanc est renommé, on ne vendange que vers le milieu de brumaire. En Touraine, et ailleurs, on fait le *vin de paille*, en cueillant les raisins par un tems sec et un soleil ardent ; on les étend sur des claies, sans qu'ils se touchent ; on expose ces claies au soleil, et on les enferme lorsqu'il est passé ; on enlève avec soin les grains qui pourrissent ; et lorque le raisin est bien fané, on le presse et on le fait fermenter.

Olivier de Serres nous dit expressément que l'expérience a prouvé que *le point de la lune pour vendanger est toujours le meilleur en sa descente qu'en sa montée, pour la garde du vin.* Néanmoins il convient qu'il vaut mieux consulter le tems que la lune, lorsque le raisin est mûr ; et nous sommes parfaitement de son avis.

Mais il est des climats où le raisin ne parvient jamais à maturité : tels sont presque tous les pays du nord de la France ; et alors on est forcé de vendanger un raisin vert pour ne pas l'exposer à pourrir sur le cep : l'automne humide et pluvieux ne pourroit qu'ajouter à la mauvaise qualité du suc. Tous les vignobles des environs de Paris sont dans ce cas ; aussi les vendanges y sont-elles plus avancées que dans le midi, où le raisin ne discontinue pas de mûrir, quoique la chaleur du soleil aille toujours en décroissant.

Lorsqu'on a reconnu et constaté la nécessité de commencer la vendange, il y a encore bien des précautions à prendre avant d'y procéder. En général, il ne faut en risquer le travail que lorsque le sol et les raisins sont secs, et que, d'un autre côté, le tems paroît assez assuré pour que les travaux ne soient pas interrompus. *Olivier de Serres* recommande de ne vendanger que lorsque le soleil a dissipé la rosée que la fraîcheur des nuits dépose sur le raisin : ce précepte, quoique généralement vrai, n'est pas d'une application générale ; car en Champagne on vendange avant le lever du soleil, et on suspend les travaux vers les neuf heures du matin, à moins que le brouillard n'entretienne l'humidité toute la journée : ce n'est que par ces soins qu'on y obtient des vins blancs et mousseux. Il est connu en Champagne qu'on obtient vingt-cinq tonneaux de vins au lieu de vingt-quatre, lorsqu'on vendange avec la rosée, et vingt-six avec le brouillard. Ce procédé est généralement utile par-tout où l'on desire des vins très-blancs et bien mousseux.

À l'exception des cas ci-dessus, on ne doit couper le raisin que lorsque le soleil a dissipé toute l'humidité de dessus la surface.

Mais, s'il est des précautions à prendre pour s'assurer du moment le plus convenable à la vendange, il en est encore d'indispensables pour pouvoir y procéder. Un agriculteur intelligent ne livre point à des mercenaires peu exercés ou maladroits la coupe du raisin ; et comme cette partie du travail de la vendange n'est pas la moins importante, nous nous permettrons quelques réflexions à ce sujet.

1°. Il convient de prendre un nombre suffisant de vendangeurs pour terminer la cuvée dans le jour ; c'est le seul moyen d'obtenir une fermentation bien égale.

2°. Il faut préférer les femmes de l'endroit même, et n'employer que celles qui ont déjà contracté l'habitude de ce travail. Les élèves qu'on fait en ce genre doivent être peu nombreux.

3°. Les travaux doivent être dirigés et surveillés par un homme sévère et intelligent.

4°. Il doit être défendu de manger dans la vigne, tant pour éviter que des débris de pain et autres alimens ne se mêlent à la vendange, que pour conserver à la cuve les raisins les plus mûrs et les plus sucrés.

5°. Il convient de couper très-court les queues des raisins, et c'est avec de bons ciseaux qu'il faut faire cette opération. Dans le pays de Vaud on détache la grappe avec l'ongle du pouce droit ; en Champagne on se sert d'une serpette : mais ces deux derniers moyens ont l'inconvénient d'ébranler la souche.

6°. Il ne faut couper que les raisins sains et mûrs ; tout ce qui est pourri doit être rejeté avec soin, et ceux qui sont encore verts doivent être abandonnés sur la souche.

On vendange en deux ou trois reprises dans tous les lieux où l'on est jaloux de soigner la qualité des vins. En général, la première cuvée est toujours la meilleure. Il est néanmoins des pays où l'on recueille presque tous les raisins indistinctement et en un seul tems ; on exprime le tout sans trier, et l'on a des vins très-inférieurs à ce qu'ils pourroient être, si de plus grandes précautions étoient apportées dans l'opération de la vendange. Le Languedoc et la Provence nous offrent partout des exemples de cette négligence ; et je ne vois d'autre cause de cette conduite que la trop grande quantité de vin, qui repousse des soins minutieux, lesquels deviendroient au reste inutiles pour la très-grande partie des vins qu'on destine à la distillation. On doit aux agriculteurs de ces climats, la justice de convenir que les vins destinés à la boisson sont traités avec bien plus de précautions. Il est même des cantons où l'on vendange en plusieurs reprises, sur-tout lorsqu'il est question de fabriquer des vins blancs. Cette méthode se pratique dans plusieurs vignobles des environs d'*Agde* et de *Béziers*. Ces réflexions nous confirment encore dans l'idée que chaque localité doit avoir des procédés propres, qu'il est toujours dangereux d'ériger en principes généraux.

Mourgues a consigné une observation dans les journaux de physique, qui établit la nécessité, dans plusieurs cas, de vendanger en deux tems. En 1773, les vins furent très-verts en Languedoc, parce qu'un vent d'est très-violent et très-humide, qui souffla les 12, 13 et 14 juin, fit couler la vigne qui étoit en fleur, les brouillards qui survinrent les 16 et 17, et la chaleur qui leur succédoit, dès les sept heures du matin, finirent par dessécher et brûler la fleur fatiguée ou rompue. Les vents chauds qui régnèrent à la fin de juin, firent sortir une infinité de nouveaux raisins ; la vendange fut faite du 8 au 15 octobre ; la fermentation fut prompte et vive, mais de courte durée ; le vin fut vert et peu abondant. Le volume ne rendoit pas. On eût obvié à cette mauvaise récolte en triant le raisin, et vendangeant en deux reprises.

Lorsqu'il est question de trier les raisins mûrs, on peut généralement se conduire d'après les principes suivans : ne couper que les raisins les mieux exposés, ceux dont les grains sont également gros et colorés ; rejeter tout ce qui est abrité et près de la terre ; préférer les raisins mûris à la base des sarmens, etc.

Dans les vignobles qui fournissent les diverses qualités de vins de Bordeaux, on trie les raisins avec soin ; mais la manière de trier les raisins rouges diffère de celle qu'on suit pour trier les raisins blancs : dans le triage des rouges, on ne ramasse les grains ni pourris ni verts : dans celui des blancs, on ramasse le pourri et le plus mûr ; et le triage ne recommence que quand il y a beaucoup de grains pourris. Cette opération est tellement minutieuse dans certains cantons, tels que *Sainte-Croix, Loupiac*, etc., que les vendanges y durent jusqu'à deux mois. Dans le Médoc, on fait deux triages pour les vins rouges ; à Langon, on en fait trois ou quatre pour le raisin blanc ; à Sainte-Croix, cinq à six ; à Langoiran, deux à trois, et deux dans tous les Graves. C'est ce qui résulte des renseignemens qui m'ont été fournis par le citoyen *Labadie*.

Dans quelques pays on redoute une vendange composée de raisins parfaitement mûrs. On craint alors que le vin ne soit trop doux ; et on y remédie en y mêlant de gros raisins moins mûrs. En général, le vin n'est mousseux et piquant que lorsqu'on travaille des raisins qui n'ont pas acquis une maturité entière ; c'est ce qu'on pratique dans la Champagne et ailleurs.

Il est encore des pays où le raisin ne parvenant jamais à une maturité absolue, et ne pouvant par conséquent développer cette portion de principe sucré, nécessaire à la formation de l'alkool, on procède à la vendange avant même l'apparition des frimas, parce que le raisin jouit encore d'un principe acerbe qui donne une qualité toute particulière au vin. On a observé, dans tous ces endroits, qu'un degré de plus vers la maturité produit un vin de qualité très-inférieure.

7°. Lorsque le raisin est coupé, on doit le mettre dans des panniers, et avoir l'attention de ne pas les employer d'une trop grande capacité, pour éviter que les raisins ne se tassent, et que le suc ne coule à pure perte. Néanmoins comme il est bien difficile que le raisin soit transporté de la vigne dans la cuve, sans l'altérer par la pression, et conséquemment sans l'exprimer plus ou moins, on ne doit se servir du panier que pour recevoir les raisins à mesure qu'on les coupe ; et dès qu'il est plein, on doit le vider dans un baquet ou une hotte, pour en effectuer commodément le transport jusqu'à la cuve. Ce transport se fait sur charrette, à dos d'homme, ou à dos de mulet : les localités décident de l'emploi de l'un ou de l'autre de ces trois moyens. La charrette, plus économique, sans doute, a l'inconvénient de fouler les raisins par une suite nécessaire des secousses qu'elle éprouve ; le mouvement du cheval est plus doux, plus régulier, et ne fatigue pas sensiblement la vendange ; la hotte est employée dans tous les pays où le raisin est peu mûr, et ne risque pas de s'écraser.

CHAPITRE III.

Des moyens de disposer le raisin à la fermentation.

LE raisin mûr pourrit sur le cep ; et nous pouvons regarder comme un pur effet de l'art, la faculté de convertir le suc doux et sucré de ce fruit en une liqueur spiritueuse : c'est par la fermentation de ce suc exprimé, que s'opère ce changement. La manière de disposer les raisins à la fermentation varie dans les divers pays : mais comme les différences apportées dans une opération aussi essentielle reposent sur des principes, j'ai cru convenable de les faire connoître.

Pline (*de biaeo vino apud Græcos clarissimo*) nous apprend qu'on cueilloit le raisin un peu avant la maturité ; qu'on le séchoit à un soleil ardent pendant trois jours, en le retournant trois fois par jour, et que le quatrième on l'exprimoit.

En Espagne, sur-tout dans les environs de Saint-Lucar, on laisse les raisins exposés pendant deux jours à toute l'ardeur du soleil.

En Lorraine, dans une partie de l'Italie, dans la Calabre et l'île de Chypre, on sèche les raisins avant de les presser. C'est sur-tout lorsqu'on se propose de fabriquer des vins blancs liquoreux, qu'on dessèche le raisin pour en épaissir le suc, et modérer par-là la fermentation.

Il paroît que les anciens connoissoient non seulement l'art de dessécher les raisins au soleil, mais qu'ils n'ignoroient pas le procédé employé pour cuire et rapprocher le moût, ce qui leur avoit fait distinguer trois sortes de vins cuits, *passum*, *defrutum* et *sapa*. Le premier se faisoit avec des raisins desséchés au soleil ; le second s'obtenoit en réduisant le moût par moitié à l'aide du feu ; et le troisième provenoit d'un moût tellement rapproché, qu'il n'en restoit plus que le tiers ou le quart. On peut consulter dans *Pline* et *Dioscoride* des détails très-intéressans sur toutes ces opérations. Ces méthodes sont encore usitées de nos jours ; et nous verrons en parlant de la fermentation, qu'on peut la diriger et la gouverner d'une manière avantageuse, en épaississant une portion du moût qu'on mélange ensuite avec le reste de la masse ; nous verrons encore que ce moyen est infaillible pour donner à tous les vins un degré de force que la plupart ne sauroient acquérir sans cela.

Une grande question a long-tems divisé les agriculteurs : savoir s'il est avantageux d'égrapper ou de ne pas égrapper les raisins. L'une et l'autre des deux méthodes ont des partisans ; et chacune des deux peut citer des écrivains de mérite en sa faveur. Je pense qu'ici, comme dans beaucoup d'autres cas, on a été peut-être trop exclusif ; et, en ramenant la question à son véritable point de vue, il nous sera facile de terminer le différend.

Il est de fait que la grappe est âpre et austère ; et l'on ne peut pas nier que les vins qui proviennent de raisins non égrappés ne participent de cette qualité : mais il est des vins foibles et presque insipides, tels que la plupart de ceux qu'on récolte dans les pays humides, où la saveur légèrement âpre de la grappe relève la fadeur naturelle de cette boisson. C'est ainsi que dans l'Orléanois, après avoir commencé à égrapper le raisin, on a été forcé d'abandonner cette méthode, parce qu'on a observé que les raisins qu'on faisoit égrapper fournissoient des vins qui tournoient plus aisément au gras. Il résulte encore des expériences de *Gentil*, que la fermentation marche avec plus de force et de régularité dans un moût mêlé avec la grappe, que dans celui qui en a été dépouillé ; de manière que, sous ce rapport, la grappe peut être considérée comme un ferment avantageux dans tous les cas où l'on pourroit craindre que la fermentation ne fût lente et retardée.

Dans les environs de Bordeaux, on égrappe avec soin tous les raisins rouges lorsqu'on se propose d'avoir du bon vin ; mais on modifie encore cette opération d'après le degré de maturité du raisin : on égrappe beaucoup lorsque la vendange est peu mûre, ou lorsqu'elle a été gelée avant la cueillette ; mais lorsque le raisin est très-mûr on égrappe avec moins de soin. *Labadie* observe, dans les renseignemens qu'il m'a fournis, qu'il faut même laisser de la grappe pour faciliter la fermentation.

On n'égrappe point les raisins blancs ; et l'expérience a prouvé que les raisins égrappés fournissoient des vins moins spiritueux et plus faciles à graisser.

Sans doute la grappe n'ajoute ni au principe sucré, ni à l'arome ; et, sous ce double point de vue, elle ne sauroit contribuer par ses principes, ni à la spirituosité, ni au parfum du vin ; mais sa légère âpreté peut avantageusement corriger la foiblesse de quelques vins : en outre, en facilitant la fermentation, elle concourt à opérer une décomposition plus complète du moût, et à produire tout l'alkool dont il est susceptible.

Sans nous écarter du sujet qui nous occupe, nous pouvons encore considérer les vins sous deux points de vue, d'après leurs usages : ils sont tous employés ou à la boisson ou à la distillation. On exige dans les premiers des qualités qui seroient inutiles aux seconds. Le goût, qui fait presque tout le mérite des uns, n'ajoute nullement aux qualités des autres. Ainsi, lorsqu'on destine un vin à être brûlé, on ne doit s'occuper que des moyens d'y développer beaucoup d'alkool ; peu importe que la liqueur soit âpre ou non ; dans ce cas, ce seroit peine perdue que d'égrapper le raisin. Mais, si le vin est préparé pour la boisson, il faut tâcher de lui concilier une saveur agréable avec un parfum exquis ; et, à cet effet, on évitera, on écartera avec soin tout ce qui pourroit altérer ces précieuses qualités. D'après cela, il est nécessaire de soustraire la grappe à la fermentation, de trier le raisin, de le nettoyer avec précaution.

C'est probablement d'après la connoissance de ces effets que l'expérience remet chaque jour sous les yeux de l'agriculteur, plutôt que par une suite du caprice ou de l'habitude, qu'on égrappé les raisins dans certains pays, et qu'on n'égrappe pas dans d'autres ; vouloir tout réduire à une seule méthode, c'est méconnoître à-la-fois l'effet de la grappe dans la fermentation, et la différence qui existe dans les diverses qualités de raisins. Dans le midi, où le vin est naturellement généreux, la grappe ne pourroit qu'ajouter une âpreté désagréable à une boisson déjà trop forte par sa nature ; aussi tous les raisins destinés à former des vins pour la boisson sont-ils égrappés, tandis que ceux qui sont réservés pour la distillation fermentent avec leur grappe. Mais ce qui pourra paroître bien étonnant, c'est que dans le même canton, sur divers points de la France, nous voyons des agronomes qui égrappent et se louent de leur méthode, lorsque, à côté, des agriculteurs également habiles repoussent cet usage, et cherchent comme les autres à appuyer leurs procédés par le résultat de leurs expériences. L'un fait un vin plus délicat, l'autre l'obtient plus fort ; tous deux trouvent des partisans de leur boisson : c'est ici une affaire de goût qui ne contredit point les principes que nous avons posés.

En général, pour égrapper le raisin, on se sert d'une fourche à trois becs, que l'ouvrier tourne et agite circulairement dans la cuve où sont déposés les raisins ; par ce mouvement rapide, il détache les grains de la grappe et ramène celle-ci à la surface ; d'où il l'enlève avec la main.

On peut égrapper encore avec un crible ordinaire, formé de brins d'osier, séparés l'un de l'autre d'environ un centimètre et demi, et surmonté d'un bourrelet d'osier serré, haut environ d'un décimètre.

Mais qu'on égrappe ou qu'on n'égrappe pas, il est indispensable de fouler le raisin pour en faciliter la fermentation ; et on y procède généralement à mesure que la vendange arrive de la vigne. Le procédé est à-peu-près le même partout : cette opération s'exécute le plus communément dans une caisse quarrée, ouverte par le haut, et d'environ un mètre et demi de largeur. Tous les côtés sont formés de listeaux de bois qui laissent entre eux un assez petit intervalle pour que le grain de raisin ne puisse pas y passer. Cette caisse est placée sur la cuve, et elle est soutenue par deux poutres qui reposent sur le bord de la cuve elle-même. On verse la vendange dans la capacité de la caisse, à mesure qu'elle arrive ; et, de suite, un ouvrier la foule fortement et également par le moyen de gros sabots ou de forts souliers dont ses pieds sont armés. Il exécute cette opération en s'appuyant des deux mains sur les bords de la caisse, et piétinant avec rapidité sur la couche de la vendange. Le suc qu'il en exprime coule dans la cuve à travers les interstices que laissent entre eux les listeaux ; la seule pellicule du raisin reste dans la cage ; et du moment que l'ouvrier reconnoît que tous les grains sont exprimés, il soulève une planche qui forme une partie d'un des côtés de la caisse, et pousse le marc avec le pied dans la cuve. Cette porte glisse dans deux coulisses formées par deux listeaux appliqués perpendiculairement sur une des surfaces latérales. À peine l'ouvrier a-t-il nettoyé la caisse de ce premier produit, qu'il introduit de nouveaux raisins pour les fouler de la même manière ; et il opère de la sorte jusqu'à ce que la cuve soit pleine ou que la vendange soit terminée.

Il est des pays où l'on foule le raisin dans des baquets. Cette méthode est peut-être meilleure, quant à l'effet, que la première, mais elle est plus lente et ne paroît pas pouvoir être employée dans des pays de vignobles considérables.

Il est encore des pays où l'on verse la vendange dans la cuve, à mesure qu'elle arrive de la vigne ; et dès que la fermentation commence à s'y établir, on enlève avec soin le moût qui surnage, pour le porter dans des tonneaux où s'en opère la fermentation. Le résidu est ensuite exprimé sous le pressoir, pour former un vin généralement plus coloré et moins parfumé.

En général, quelque méthode qu'on adopte pour le foulage du raisin, nous pouvons réduire aux principes suivans ce qui concerne cette opération importante.

Le raisin ne sauroit éprouver la fermentation spiritueuse, si, par une pression convenable, on n'en extrait pas le suc pour le soumettre à l'action des causes qui déterminent le mouvement de fermentation.

Il suit de cette vérité fondamentale, que non seulement l'on doit employer les moyens convenables pour fouler les raisins, mais que l'opération ne sera parfaite qu'autant que tous les grains le seront également ; sans cela, la fermentation ne saurait marcher d'une manière uniforme ; le suc exprimé termineroit sa période de décomposition, avant même que les grains qui ont échappé au foulage eussent commencé la leur ; ce qui, dès-lors, présenteroit un tout dont les élémens ne seroient plus en rapport. Cependant si on examine le produit du foulage déposé dans une cuve, on se convaincra facilement que la compression a été toujours inégale et imparfaite ; et il suffit de réfléchir un instant sur les procédés grossiers employés pour fouler le raisin, pour ne plus s'étonner de l'imperfection des résultats.

Il paroît donc que pour donner à cette portion très-intéressante du travail de la vendange le degré de perfectionnement convenable, il faudroit soumettre à l'action du *pressoir* tous les raisins, à mesure qu'on les transporte de la vigne. Le suc en seroit reçu dans une cuve ; et là, on l'abandonneroit à la fermentation spontanée. Par ce seul moyen, le mouvement de décomposition s'exerceroit sur toute la masse d'une manière égale ; la fermentation seroit uniforme et simultanée pour toutes les parties ; et les signes qui l'annoncent, l'accompagnent ou la suivent, ne seroient plus troublés ni obscurcis par des mouvement particuliers. Sans doute le moût, débarrassé de son marc et de la grappe, produiroit un vin moins coloré, plus délicat, et d'une conservation plus difficile ; mais si les inconvéniens surpassoient les avantages de cette méthode, il seroit aisé de les prévenir, en mêlant le marc exprimé avec le moût.

C'est par une suite des principes que nous venons de développer, que l'on doit avoir l'attention de remplir la cuve dans vingt heures. En Bourgogne, les vendanges se terminent dans quatre ou cinq jours. Un tems trop long entraîne le grave inconvénient d'une suite de fermentations successives, qui, par cela seul, sont toutes imparfaites : une portion de la masse a déjà fermenté, que la fermentation commence à peine dans une autre portion. Le vin qui en résulte est donc un vrai mélange de plusieurs vins plus ou moins fermentés. L'agriculteur intelligent, et jaloux de ses produits, doit donc déterminer le nombre des vendangeurs d'après la capacité connue de sa cuve ; et lorsqu'une pluie inattendue vient suspendre les travaux de sa récolte, il doit laisser fermenter séparément ce qui se trouve déjà ramassé et déposé dans la cuve, plutôt que de s'exposer quelques jours après à en troubler les mouvemens, et à en altérer la nature par l'addition d'un moût aqueux, et frais.

CHAPITRE IV.

De la fermentation.

LE moût n'est pas encore dans la cuve, qu'il commence à fermenter ; celui qui s'écoule du raisin par la pression ou les secousses qu'il reçoit dans le transport, travaille et bout avant qu'il soit parvenu dans la cuve : c'est un phénomène dont on peut aisément se rendre témoin en suivant les vendangeurs dans les climats chauds, et examinant avec attention le moût qui sort du raisin, et reste confondu avec lui dans le vase qui sert à le transporter.

Les anciens séparoient avec soin le premier suc qui ne peut provenir que des raisins les plus mûrs, et coule naturellement par l'effet de la plus légère pression exercée sur eux. Ils le faisoient fermenter séparément, et en obtenoient une boisson délicieuse, qu'ils appeloient *Protopon mustum spontè defluens, antequam calcentur uvæ*. Baccius nous a décrit un procédé semblable pratiqué par les Italiens : *qui primus liquor, non calcatis uvis defluit, vinum efficit virgineum, non inquinatum fæcibus ; lacrymam vocant Itali ; cita potui idoneum fit et valdè utile*. Mais cette liqueur-vierge ne forme qu'une partie du suc que le raisin peut fournir, et il n'est permis de le traiter séparément que lorsqu'on veut obtenir un vin peu coloré et très-délicat. En général, on mêle cette première liqueur avec le reste du produit du foulage, et on livre le tout à la fermentation.

La fermentation vineuse s'exécute constamment dans des cuves de pierres ou de bois. Leur capacité est, en général, proportionnée à la quantité de raisins qu'on récolte dans un vignoble. Celles qui sont construites en maçonnerie sont, pour l'ordinaire, fabriquées avec de la bonne pierre de taille ; et les parois intérieures en sont souvent revêtues d'un contre-mur bâti en briques liées et assemblées par un ciment de pouzzolane ou de terre d'eau forte. Les cuves en bois demandent plus d'entretien, reçoivent les variations de température avec plus de facilité, et exposent à plus d'accidens.

Avant de déposer la vendange dans une cuve, on doit avoir l'attention de la nettoyer avec le plus grand soin : ainsi on lave la cuve avec de l'eau tiède, on la frotte fortement, on en enduit les parois avec de la chaux, à deux ou trois couches. Cet enduit a l'avantage de saturer une partie de l'acide malique qui existe abondamment dans le moût, ainsi que nous le verrons par la suite.

Comme tout le travail de la vinification se fait dans la fermentation, puisque c'est par elle seule que le *moût* passe à l'état de *vin*, nous croyons devoir envisager cette question importante sous plusieurs points de vue. Nous nous occuperons d'abord des causes qui contribuent à produire la fermentation ; nous examinerons ensuite ses effets ou son produit, et nous terminerons par déduire de nos connoissances actuelles quelques principes généraux qui pourront diriger l'agriculteur dans l'art de la gouverner.

ARTICLE PREMIER.

Des causes qui influent sur la fermentation.

Il est reconnu que, pour que la fermentation s'établisse et suive ses périodes d'une manière régulière, il faut des conditions que l'observation nous a appris à connoître. Un certain degré de chaleur, le contact de l'air, l'existence d'un principe doux et sucré dans le moût telles sont à-peu-près les conditions jugées nécessaires. Nous tâcherons de faire connoître ce qui est dû à chacune d'elles.

I°. Influence de la température de l'atmosphère, sur la fermentation.

On regarde assez généralement le dixième degré du thermomètre de *Réaumur* comme celui qui indique la température la plus favorable à la fermentation spiritueuse : elle languit au-dessous de ce degré, et elle devient trop tumultueuse au-dessus. Elle n'a même pas lieu à une température trop froide ou trop chaude. *Plutarque* avoit observé que le froid pouvoit empêcher la fermentation, et que celle du moût étoit toujours proportionnée à la température de l'atmosphère. (*Quest. nat. 27*). Le chancelier *Bacon* conseille de plonger les vases contenant le vin dans la mer, pour en prévenir la décomposition ; et *Boyle* rapporte (dans son traité du froid) qu'un Français, pour garder son vin à l'état de moût, et lui conserver cette douceur qui plaît à certaines personnes, le mettoit dans des tonneaux, au sortir du pressoir, fermoit hermétiquement le tonneau, et le plongeoit dans un puits ou une rivière. Dans tous ces cas, non seulement on tenoit la liqueur en fermentation, mais on la garantissoit du contact de l'air ; ce qui éteint ou au moins modère et ralentit la fermentation.

Un phénomène extraordinaire, mais qui paroît constaté par un assez grand nombre d'observations pour mériter toute croyance, c'est que *la fermentation est d'autant plus lente que la température est plus froide, au moment où se font les vendanges*. Rozier a vu, en 1769, que du raisin cueilli les 7, 8 et 9 octobre, est resté dans la cuve jusqu'au 19, sans qu'il parût le moindre signe de fermentation ; le thermomètre avoit été le matin à un degré demi au-dessous de zéro, et s'étoit maintenu à + 2. La fermentation n'a été complète que le 25, tandis que de semblables raisins, récoltés le 16, à une température beaucoup moins froide, ont terminé leur fermentation le 21 ou 22. Le même fait a été observé en 1740.

C'est d'après tous ces principes qu'on conseille de placer les cuves dans des lieux couverts ; de les éloigner des endroits humides et froids ; de les recouvrir pour tempérer la fraîcheur de l'atmosphère ; de réchauffer la masse en y introduisant du moût bouillant ; de faire choix d'un jour chaud pour cueillir les raisins, ou de les exposer au soleil, etc.

II°. Influence de l'air dans la fermentation.

Nous avons vu dans l'article précédent qu'on peut modérer et retarder la fermentation, en soustrayant le moût à l'action directe de l'air, et en le tenant exposé à une température froide. Quelques chimistes, d'après ces faits, ont regardé la fermentation comme ne pouvant avoir lieu que par l'action de l'air atmosphérique ; mais un examen plus attentif de tous les phénomènes qu'elle présente dans ses divers états nous permettra d'accorder une juste valeur à toutes les opinions qui ont été émises à ce sujet.

Sans cloute l'air est favorable à la fermentation ; cette vérité nous est acquise par la réunion et l'accord de tous les faits connus ; car sans lui, sans son contact, le moût se conserve long-tems sans changement, sans altération. Mais il est également prouvé que, quoique le moût, enfermé dans des vases bien clos, y subisse très-lentement ses phénomènes de fermentation, elle ne se termine pas moins à la longue et que le vin qui en est le produit n'en est que plus généreux. C'est là ce qui résulte des expériences de D. *Gentil*.

Si l'on délaye un peu de levure de bière et de mélasse dans l'eau, qu'on introduise ce mélange dans un flacon à bec recourbé, et qu'on fasse ouvrir le bec du flacon sous une cloche pleine d'eau, et renversée sur la planchette de la cuve hydropneumatique, à la température de 12 à 15 degrés du thermomètre, j'ai constamment vu paroître les premiers phénomènes de la fermentation, quelques minutes après que l'appareil a été placé ; le vide du flacon ne tarde pas à se remplir de bulles et d'écume ; il passe beaucoup d'acide carbonique sous la cloche, et ce mouvement ne s'apaise que lorsque la liqueur est devenue spiritueuse. Dans aucun cas, je n'ai vu qu'il y eût absorption d'air atmosphérique.

Si, au lieu de donner une libre issue aux matières gazeuses qui s'échappent par le travail de la fermentation, on s'oppose à leur dégagement, en tenant la masse fermentante dans des vaisseaux clos, alors le mouvement se ralentit, et la fermentation ne se termine que péniblement et par un tems très-long.

Dans toutes les expériences que j'ai tentées sur la fermentation, je n'ai jamais vu que l'air fût absorbé. Il n'entre ni comme principe dans le produit, ni comme élément dans la décomposition ; il est chassé au-dehors des vaisseaux avec l'acide carbonique, qui est le premier résultat de la fermentation.

L'air atmosphérique n'est donc pas nécessaire à la fermentation ; et s'il paroît utile d'établir une libre communication entre le moût et l'atmosphère, c'est parce que les substances gazeuses qui se forment dans la fermentation peuvent alors s'échapper aisément en se mêlant ou se dissolvant dans l'air ambiant. Il suit encore de ce principe que, lorsque le moût sera disposé dans des vases fermés, l'acide carbonique trouvera des obstacles insurmontables à la volatilisation : il sera contraint de rester interposé dans le liquide ; il s'y résoudra en partie ; et faisant effort continuellement contre le liquide et chacune des parties qui le composent, il ralentira et éteindra presque complètement l'acte de la fermentation.

Ainsi, pour que la fermentation s'établisse et parcoure ses périodes d'une manière prompte et régulière, il faut une libre communication entre la masse fermentante et l'air atmosphérique ;

alors les principes qui se dégagent par le travail de la fermentation se versent commodément dans l'atmosphère qui leur sert de véhicule, et la masse fermentante peut, dès ce moment, éprouver sans obstacles les mouvemens de dilatation et d'affaissement.

Si le vin fermenté dans des vases fermés est plus généreux et plus agréable au goût, la raison en est qu'il a retenu l'arome et l'alkool qui se perdent en partie dans une fermentation qui se fait à l'air libre ; car, outre que la chaleur les dissipe, l'acide carbonique les entraîne dans un état de dissolution absolue, ainsi que nous le verrons par la suite.

Le libre contact de l'air atmosphérique précipite la fermentation, et occasionne une grande déperdition de principes en alkool et arome, tandis que, d'un autre côté, la soustraction à ce contact ralentit le mouvement, menace d'explosion et de rupture, et la fermentation n'est complète qu'à la longue. Il est donc des avantages et des inconvéniens de part et d'autre : peut-être seroit-il possible de combiner assez heureusement ces deux méthodes pour en écarter tout ce qu'elles ont de vicieux. Ce seroit là, sans contredit, le complément de l'art de la vinification. Nous verrons par la suite que quelques procédés pratiqués dans divers pays, soit pour fabriquer des vins mousseux, soit pour conserver à certains vins un parfum agréable, nous permettent d'espérer les plus heureux résultats des travaux qui pourroient être entrepris à ce sujet par des mains habiles.

III°. Influence du volume de la masse fermentante sur la fermentation.

Quoique le jus du raisin fermente en très-petite masse, puisque je lui ai fait parcourir toutes ses périodes de décomposition dans des verres placés sur des tables, il n'en est pas moins vrai que les phénomènes de la fermentation sont puissamment modifiés par la différence des volumes.

En général, la fermentation est d'autant plus rapide, plus prompte, plus tumultueuse, plus complète, que la masse est plus considérable. J'ai vu du moût, déposé dans un tonneau, ne terminer sa fermentation que le onzième jour, tandis qu'une cuve qui étoit remplie du même, et en contenoit douze fois ce volume, avoit fini le quatrième jour ; la chaleur ne s'éleva dans le tonneau qu'à 17 degrés, elle parvint au 25e. dans la cuve.

C'est un principe incontestable que l'activité de la fermentation est proportionnée à la masse : mais il ne faut pas en conclure qu'il soit constamment avantageux de faire fermenter en grand volume, ni que le vin provenant de la fermentation établie dans de plus grandes cuves ait des qualités supérieures : il est un terme à tout, et des extrêmes également dangereux qu'il faut éviter. Pour avoir une fermentation complète, il faut craindre de l'obtenir trop précipitée. Il est impossible de déterminer quel est le volume le plus favorable à la fermentation : il paraît même qu'il doit varier selon la nature du vin et le but qu'on se propose. S'il est question de conserver l'arome, elle doit s'opérer en plus petite masse que s'il s'agit de développer toute la partie spiritueuse pour fabriquer des vins propres à la distillation. J'ai vu monter le thermomètre à 27 degrés dans une cuve qui contenoit trente muids de vendange (mesure du Languedoc). À la vérité, dans ce cas, tout le principe sucré est décomposé ; mais il y a déperdition d'une portion d'alkool par la chaleur et le mouvement rapide que produit la fermentation.

En général, on doit encore varier la capacité des cuves selon la nature du raisin : lorsqu'il est très-mûr, doux, sucré et presque desséché, le moût est épais, pâteux, etc., la fermentation s'y établit difficilement, et il faut une grande masse de liquide pour décomposer pleinement le suc sirupeux : sans cela, le vin reste liquoreux, douceâtre et nauséabond ; ce n'est qu'après un long séjour dans le tonneau, que cette liqueur arrive au degré de perfection qu'elle peut atteindre.

La température de l'air, l'état de l'atmosphère, le tems qui a régné pendant la vendange, toutes ces causes et leurs effets doivent toujours être présens à l'esprit de l'agriculteur, pour qu'il en déduise des règles de conduite capables de le guider.

IV°. Influence des principes constituant du moût sur la fermentation.

Le principe doux et sucré, l'eau et le tartre, sont les trois élémens du raisin qui paroissent influer le plus puissamment sur la fermentation : c'est non seulement à leur existence qu'est due la première cause de cette sublime opération ; mais c'est encore aux proportions très-variables entre ces divers principes constituans, qu'il faut rapporter les principales différences que nous présente la fermentation.

1°. Il paroît prouvé, par la nature comparée de toutes les substances qui subissent la fermentation spiritueuse, qu'il n'y a que celles qui contiennent un principe doux et sucré qui en soient susceptibles, et il est hors de doute que c'est sur-tout aux dépens de ce principe que se formé l'alkool.

Par une conséquence qui découle naturellement de cette vérité fondamentale, les corps dans lesquels le principe sucré est le plus abondant doivent fournir la liqueur la plus spiritueuse : c'est au reste ce qui est encore confirmé par l'expérience. Mais on ne sauroit trop insister sur la nécessité de bien distinguer le *sucre* proprement dit, d'avec le *principe doux*. Sans doute, le sucre existe dans le raisin, et c'est sur-tout à lui qu'est dû l'alkool qui résulte de sa décomposition par la fermentation ; mais ce sucre est constamment mêlé avec un corps doux, plus ou moins abondant et très-propre à la fermentation ; c'est un vrai levain qui accompagne le sucre presque par-tout, mais qui, par lui-même ne sauroit produire de l'alkool. De-là vient que lorsqu'on veut faire fermenter le sucre pour obtenir du *taffia*, on l'emploie à l'état de sirop dit de *vesou*, parce qu'alors il contient le principe doux qui en facilite la fermentation.

La distinction entre le principe doux et sucré et le sucre proprement dit a été très-bien établie par *Deyeux*, dans le *journal des pharmaciens*.

Ce principe doux est presque inséparable du principe sucré dans les produits de la végétation : et ces deux principes sont si bien combinés dans quelques cas, qu'on ne peut les désunir *complètement* qu'avec peine ; c'est ce qui s'opposera, peut-être encore long-tems, à ce qu'on extraie pour le commerce le sucre de plusieurs végétaux qui en contiennent. La canne à sucre paroît être celui de tous les végétaux où cette séparation est la plus facile. Bien des faits nous portent à croire que ce principe doux est voisin, par sa nature, du principe sucré ; qu'il peut même avec des circonstances favorables se changer en sucre : mais ce n'est pas ici le moment de discuter ce point intéressant de doctrine.

Un raisin peut donc être très-doux, très-agréable à la bouche, et produire néanmoins un assez mauvais vin, parce que le sucre peut bien n'exister qu'en très-petite quantité dans un raisin en apparence très-sucré : c'est la raison pour laquelle les raisins les plus doux au goût ne fournissent pas toujours les vins les plus spiritueux. Au reste, il suffit d'un peu d'habitude pour distinguer la saveur vraiment sucrée d'avec le goût doux que présentent quelques raisins. C'est ainsi que la bouche habituée à savourer le raisin très-sucré di midi ne confondra pas avec lui le Chasselas, quoique très-doux, de Fontainebleau.

Nous devons donc considérer le sucre comme principe qui donne lieu à la formation de l'alkool par sa décomposition, et le corps doux et sucré comme le vrai levain de la fermentation spiritueuse. Il faut donc pour que le moût soit propre à subir une bonne fermentation, qu'il contienne ces deux principes dans de bonnes proportions : le sucre seul ne fermente point, ou du moins la fermentation en est-elle très-lente et incomplète. Le mucilage pur ne fournit point d'alkool : ce n'est qu'à la réunion de ces deux substances qu'on devra une bonne fermentation spiritueuse[1].

2°. Le moût très-aqueux éprouve de la difficulté à fermenter, comme le moût trop épais. Il faut donc un degré de fluidité convenable pour obtenir une bonne fermentation, et c'est celui que présente le suc exprimé du raisin parvenu à une maturité parfaite.

Lorsque le moût est très-aqueux, la fermentation est tardive, difficile, et le vin qui en provient est faible et très-susceptible de décomposition. Dans ce cas, les anciens connoissoient l'usage de cuire le moût : ils faisoient évaporer, par ce moyen, l'eau surabondante, et ramenoient la liqueur au degré d'épaississement convenable. Ce procédé, constamment avantageux dans les pays du nord, et généralement par-tout où la saison a été pluvieuse, est encore pratiqué de nos jours. *Maupin* a même contribué à faire accorder plus de faveur à cette méthode, en prouvant par des expériences nombreuses, qu'on pouvoit s'en servir avec avantage dans presque tous les pays de vignobles. Néanmoins ce procédé paroît inutile dans les climats chauds, il n'y est tout au plus applicable que dans les cas où la saison pluvieuse n'a pas permis au raisin de parvenir à un degré de maturité convenable, on bien lorsque la vendange se fait par un tems de brouillards ou de pluie.

Il est des pays où l'on mêle du plâtre cuit à la vendange pour absorber l'humidité excédante qu'elle peut contenir. L'usage établi dans d'autres endroits de dessécher le raisin avant de le faire fermenter, est fondé sur le même principe. Tous ces procédés tendent essentiellement à enlever l'humidité dont les raisins peuvent être imprégnés, et à présenter un suc plus épais à la fermentation.

3°. Le jus du raisin mûr contient du tartre qu'on peut y démontrer par le simple rapprochement de cette liqueur, ainsi que nous l'avons observé ; mais le verjus en fournit encore une plus grande quantité, et il est généralement vrai que le raisin donne d'autant moins de tartre qu'il contient plus de sucre.

Le Marquis de *Bullion* a retiré d'un litre de moût environ un décagramme et demi (4 gros) de sucre et deux grammes de tartre (demi-gros). Il paroît, d'après les expériences de ce même chimiste, que le tartre concourt, ainsi que le sucre, à faciliter la formation de l'alkool. Il suffit d'augmenter la proportion du tartre et du sucre dans le moût pour parvenir à obtenir trois fois plus d'esprit ardent.

Ce même chimiste a encore éprouvé que le moût privé de son tartre ne fermente pas, mais qu'on peut lui redonner la propriété de fermenter en lui restituant ce principe.

Environ cent vingt litres d'eau (120 pintes), trois kilogrammes de sucre (100 onces), sept hectogrammes de crème de tartre (une livre et demie), ont resté trois mois sans fermenter ; on y a ajouté environ huit kilogrammes (16 livres) de feuilles de vigne pilées, et le mélange a fermenté avec force pendant quinze jours. La même quantité d'eau et les feuilles de vigne mises à fermenter sans sucre et sans tartre, il n'en est résulté qu'une liqueur acidulée.

Sur cinq cents litres de moût (500 pintes), cinq kilogrammes de cassonade (10 livres), et deux kilogrammes de crème de tartre, la fermentation s'est bien établie, et a duré quarante-huit heures de plus que dans les cuvées qui ne contenoient que le moût simple ; le vin provenant de la première fermentation a fourni une pièce et demie d'eau-de-vie, à 20 degrés, aréomètre de *Baumé*, sur sept pièces, sur lesquelles la distillation avoit été établie ; tandis que le vin qui étoit fait sans addition de sucre ni de tartre n'a produit qu'un douzième d'eau-de-vie au même degré.

Les raisins sucrés demandent sur-tout qu'on y ajoute du tartre ; il suffit, à cet effet, de le faire bouillir dans un chaudron avec le moût pour l'y dissoudre. Mais, lorsque les moûts contiennent du tartre en excès, on peut les disposer à fournir beaucoup d'esprit ardent, en y ajoutant du sucre.

Il paroît donc, d'après ces expériences, que le tartre facilite la fermentation et concourt à rendre la décomposition du sucre plus complète.

ARTICLE II.

Phénomènes et produit de la fermentation.

Avant de nous occuper avec détail des principaux phénomènes que nous offre la fermentation, nous croyons convenable de tracer d'une manière rapide la marche qu'elle suit dans ses périodes.

La fermentation s'annonce d'abord par de petites bulles qui paroissent sur la surface du moût ; peu-à-peu on en voit qui s'élèvent du centre même de la masse en fermentation, et viennent crever à la surface : leur passage à travers les couches de liquide en agite tous les principes, en déplace toutes les molécules ; et bientôt il en résulte un sifflement semblable à celui qui est produit par une douce ébullition.

On voit alors très-sensiblement s'élever, à plusieurs pouces au-dessus de la surface du liquide, de petites gouttes qui retombent de suite. Dans cet état, la liqueur est trouble, tout est mêlé, confondu, agité, etc, ; des filamens, des pellicules, des flocons, des grappes, des pépins, nagent isolément, sont poussés, chassés, précipités, élevés, jusqu'à ce qu'enfin ils se fixent à la surface, ou se déposent au fond de la cuve. C'est de cette manière, et par une suite de ce mouvement intestin, que se forme, à la surface de la liqueur une croûte plus ou moins épaisse, qu'on appelle le *chapeau de la vendange.*

Ce mouvement rapide et le dégagement continuel de ces bulles aériformes augmentent considérablement le volume de la masse. La liqueur s'élève dans la cuve au-dessus de son niveau primitif ; les bulles qui éprouvent quelque résistance à leur volatilisation, par l'épaisseur et la ténacité du chapeau, se font jour par des points déterminés, et produisent une écume abondante.

La chaleur augmentant en proportion de l'énergie de la fermentation, dégage une odeur d'esprit de-vin qui se répand dans tout le voisinage de la cuve ; la liqueur se fonce en couleur de plus en plus ; et après plusieurs jours, quelquefois seulement après plusieurs heures d'une fermentation tumultueuse, les symptômes diminuent, la masse retombe à son premier volume, la liqueur s'éclaircit, et la fermentation est presque terminée.

Parmi les phénomènes les plus frappans et les effets les plus sensibles de la fermentation, il en est quatre principaux qui demandent une attention particulière : la production de la chaleur, le dégagement de gaz, la formation de l'alkool et la coloration de la liqueur.

Je dirai sur chacun de ces phénomènes ce que l'observation nous a présenté jusqu'ici de plus positif.

I°. Production de chaleur.

Il arrive quelquefois dans les pays froids, mais sur-tout lorsque la température est au-dessous du 10e. degré, que la vendange déposée dans la cuve n'éprouve aucune fermentation, si, par des moyens quelconques, on ne parvient à en réchauffer la masse ; ce qui se pratique en y introduisant du moût chaud, en brassant fortement la liqueur, en échauffant l'atmosphère, en recouvrant la cuve avec des étoffes quelconques.

Mais du moment que la fermentation commence, la chaleur prend de l'intensité ; quelquefois il suffit de quelques heures de fermentation pour la porter au plus haut degré. En général, elle est en rapport avec le gonflement de la vendange, elle croît et décroît comme lui, comme on peut s'en convaincre par des expériences que je joindrai à cet article.

La chaleur n'est pas toujours égale dans toute la masse : souvent elle est plus intense vers le milieu, sur-tout dans les cas où la fermentation n'est pas assez tumultueuse pour confondre et mêler, par des mouvemens violens, toutes les parties de la masse ; alors on foule de nouveau la vendange, on l'agite de la circonférence au centre, et on établit sur tous les points une température égale.

Nous pouvons établir, comme vérités incontestables : 1°. qu'à température égale, plus la masse de la vendange sera grande, plus il y aura d'effervescence, de mouvement et de chaleur ; 2°. que l'effervescence, le mouvement, la chaleur sont plus grands dans la vendange où le suc du raisin est accompagné de pellicules, de pépins, de rafles, etc., que dans le suc du raisin ou dans le moût séparé de toutes ces matières ; 3°. que la fermentation peut produire depuis 12 jusqu'à 28 degrés de chaleur (du moins je l'ai vue en activité entre ces deux extrêmes).

II°. Dégagement de gaz.

Le gaz acide carbonique qui se dégage de la vendange, et ses effets nuisibles à la respiration, sont connus depuis que la fermentation est connue elle-même. Ce gaz s'échappe en bulles de tous les points de la vendange, s'élève dans la masse, et vient crever à la surface. Il déplace l'air atmosphérique qui repose sur la vendange, occupe partout le vide de la cuve, et déverse ensuite par les bords, en se précipitant dans les lieux les plus bas, à raison de sa pesanteur. C'est à la formation de ce gaz, qui enlève une portion d'oxigène et de carbonne aux principes constituans du moût, que nous rapporterons par la suite les principaux changemens qui surviennent dans la fermentation.

Ce gaz, retenu dans la liqueur par tous les moyens qu'on peut opposer à son évaporation, contribue à lui conserver l'arome et une portion d'alkool qui s'exhale avec lui. Les anciens connoissoient ces moyens, et ils distinguoient avec soin le produit d'une fermentation *libre* ou *clause*, c'est-à-dire, faite dans des vaisseaux ouverts ou dans des vaisseaux fermés. Les vins mousseux ne doivent la propriété de mousser qu'à ce qu'ils ont été enfermés dans le verre avant qu'ils eussent complété leur fermentation. Alors ce gaz, lentement développé dans la liqueur, y reste comprimé jusqu'au moment où, l'effort de la compression venant à cesser par l'ouverture des vaisseaux, il peut s'échapper avec force.

Ce gaz acide donne à toutes les liqueurs qui en sont imprégnées une saveur aigrelette : les eaux minérales appelées *eaux gazeuses*, lui doivent leur principale vertu. Mais ce seroit avoir une idée peu exacte de son véritable état dans le vin, que de comparer ses effets à ceux qu'il produit par sa libre dissolution dans l'eau.

L'acide carbonique qui se dégage des vins tient en dissolution une portion assez considérable d'alkool. Je crois avoir été le premier à faire connoître cette vérité, lorsque j'ai enseigné qu'en exposant de l'eau pure dans des vases placés immédiatement au-dessus du chapeau de la vendange, au bout de deux ou trois jours cette eau étoit imprégnée d'acide carbonique, et qu'il suffisoit de l'enfermer dans des bouteilles débouchées, et de l'abandonner à elle-même pendant un mois, pour obtenir un assez bon vinaigre. En même tems que le vinaigre se forme, il se précipite dans la liqueur des flocons abondans, qui sont d'une nature très-analogue à la fibre. Lorsqu'au lieu de se servir d'eau pure on emploie de l'eau qui contient des sulfates terreux, telle que l'eau de puits, on voit se développer, au moment de l'acidification, une odeur de gaz hydrogène sulfuré, qui provient de la décomposition de l'acide sulfurique lui-même. Cette expérience prouve suffisamment que le gaz acide carbonique entraîne avec lui de l'alkool et un peu de principe extractif ; et que ces deux principes, nécessaires à la formation de l'acide acéteux, en se décomposant ensuite par le contact de l'air atmosphérique, produisent l'acide acéteux.

Mais l'alkool est-il dissous dans le gaz, ou se volatilise-t-il par le seul fait de la chaleur ? On ne peut décider cette question que par des expériences directes. D. *Gentil* avoit observé, en 1779, que, si on renversoit une cloche de verre sur le chapeau de la vendange en fermentation, les parois intérieures se remplissoient de gouttes d'un liquide qui avoit l'odeur et les propriétés du premier phlegme qui passe lorsqu'on distille l'eau-de-vie. *Humboldt* a prouvé que, si l'on reçoit la mousse du Champagne sous des cloches, dans l'appareil des gaz, et qu'on les entoure de glace, il se précipite de l'alkool sur les parois, par la seule impression du froid. Il paroît donc que l'alkool est dissous dans le gaz acide carbonique ; et c'est cette substance qui communique au gaz vineux une portion des propriétés qu'il a. Il n'est personne qui ne sente, par l'impression même que fait sur nos organes la mousse du vin de Champagne, combien cette matière gazeuse est modifiée, et diffère de l'acide carbonique pur.

Ce n'est pas le moût le plus sucré qui fournit le plus d'acide gazeux ; et ce n'est pas lui non plus qu'on emploie pour fabriquer ordinairement des vins mousseux. Si l'on suffoquoit la fermentation de cette espèce de raisin, en l'enfermant dans des tonneaux ou bouteilles pour lui conserver le gaz qui se dégage, le principe sucré qui y abonde ne seroit pas décomposé, et le vin en seroit doux, liquoreux, pâteux, désagréable. Il est des vins dont presque tout l'alkool est dissous dans le principe gazeux : celui de Champagne nous en fournit une preuve.

Il est difficile d'obtenir du vin à-la-fois rouge et mousseux, attendu que, pour pouvoir le colorer, il faut le laisser fermenter sur le marc, et que, par cela même, le gaz acide se dissipe.

Il est des vins dont la fermentation lente se continue pendant plusieurs mois : ceux-ci, mis à propos dans des bouteilles, deviennent mousseux. Il n'est même, à la rigueur, que cette nature de vins qui puisse acquérir cette propriété : ceux dont la fermentation est naturellement tumultueuse terminent trop promptement leur travail, et briseroient les vases dans lesquels on essayeroit de les renfermer.

Ce gaz acide est dangereux à respirer : tous les animaux qui s'exposent imprudemment dans son atmosphère y sont suffoqués. Ces tristes événemens sont à craindre, lorsqu'on fait fermenter la vendange dans des lieux bas, et où l'air n'est pas renouvelé. Ce fluide gazeux déplace l'air atmosphérique, et finit par occuper tout l'intérieur du cellier. Il est d'autant plus dangereux qu'il est invisible comme l'air ; et l'on ne sauroit trop se précautionner contre ses funestes effets. Pour s'assurer qu'on ne court aucun risque en pénétrant dans le lieu où fermente la vendange, il faut avoir l'attention de porter une bougie allumée en avant de sa personne : il n'y a pas de danger tant que la bougie brûle ; mais, lorsqu'on la voit s'affaiblir ou s'éteindre, il faut s'éloigner avec prudence.

On peut prévenir ce danger, en saturant le gaz à mesure qu'il se précipite sur le sol de l'attelier, en disposant sur plusieurs points du lait de chaux ou de la chaux vive. On peut parvenir à désinfecter un lieu vicié par cette mortelle mofette, en projetant sur le sol et contre les murs de la chaux vive délayée et fusée dans l'eau. Une lessive alkaline caustique, telle que la lessive des savonniers, l'ammoniaque, produiroient de semblables effets. Dans tous ces cas, l'acide gazeux se combine instantanément avec ces matières, et l'air extérieur se précipite pour en occuper la place.

III°. *Formation de l'alkool.*

Le principe sucré existe dans le moût, et en fait un des principaux caractères : il disparoît par la fermentation, et est remplacé par l'alkool qui caractérise essentiellement le vin.

Nous dirons, par la suite, de quelle manière on peut concevoir ce phénomène, ou cette suite intéressante de décompositions et de productions. Il ne nous appartient, dans ce moment, que d'indiquer les principaux faits qui accompagnent la formation de l'alkool.

Comme le but et l'effet de la fermentation spiritueuse se réduisent à produire de l'alkool en décomposant le principe sucré, il s'ensuit que la formation de l'un est toujours en proportion de la destruction de l'autre, et que l'alkool sera d'autant plus abondant, que le principe sucré l'aura été lui-même : c'est pour cela qu'on augmente à volonté la quantité d'alkool, en ajoutant du sucre au moût qui paroît en manquer.

Il suit toujours de ces mêmes principes que la nature de la vendange en fermentation se modifie et change à chaque instant : l'odeur, le goût et tous les autres caractères varient d'un moment à l'autre. Mais, comme il y a dans le travail de la fermentation une marche très-constante, on peut suivre tous ces changemens, et les présenter comme des signes invariables des divers états par lesquels passe la vendange.

1°. Le moût a une odeur douceâtre qui lui est particulière ; 2°. la saveur en est plus, ou moins sucrée ; 3°. il est épais, et sa consistance varie selon que le raisin est plus ou moins mûr, plus ou moins sucré. J'en ai éprouvé qui a marqué 75 degrés à l'aréomètre, et j'en ai vu d'autre qui ne donnoit que 40 à 42. Il est très-soluble dans l'eau.

À peine la fermentation est-elle décidée, que tous les caractères changent ; l'odeur commence à devenir piquante par le dégagement de l'acide carbonique ; la saveur encore très-douce est néanmoins déjà mêlée d'un peu de piquant ; la consistance diminue ; la liqueur qui, jusque là, n'avoit présenté qu'un tout uniforme, laisse paroître des flocons qui deviennent de plus en plus insolubles.

Peu-à-peu la saveur sucrée s'affoiblit et la vineuse se fortifie ; la liqueur diminue sensiblement de consistance ; les flocons détachés de la masse sont plus complètement isolés. L'odeur d'alkool se fait sentir même à une assez grande distance.

Enfin arrive un moment où le principe sucré n'est plus sensible ; la saveur et l'odeur n'indiquent plus que de l'alkool ; cependant tout le principe sucré n'est pas détruit ; il en reste encore une portion dont l'existence n'est que masquée par celle de l'alkool qui prédomine, comme il conste par les expériences très-rigoureuses de D. *Gentil*. La décomposition ultérieure de cette substance se fait à l'aide de la fermentation tranquille qui se continue dans les tonneaux.

Lorsque la fermentation a parcouru et terminé toutes ses périodes, il n'existe plus de sucre ; la liqueur a acquis de la fluidité, et ne présente que de l'alkool mêlé avec un peu d'extrait et de principe colorant.

IV°. *Coloration de la liqueur vineuse.*

Le moût qui découle du raisin qu'on transporte de la vigne à la cuve, avant qu'on l'ait foulé, fermente seul, donne le *vin vierge*, le *protopon* des anciens, qui n'est pas coloré.

Les raisins rouges dont on exprime le suc par le simple foulage fournissent du vin blanc, toutes les fois qu'on ne fait pas fermenter sur le marc.

Le vin se colore d'autant plus que la vendange reste plus long-tems en fermentation.

Le vin est d'autant moins coloré que le foulage a été moins fort, et qu'on s'est abstenu avec plus de soin de faire fermenter sur le marc.

Le vin est d'autant plus coloré que le raisin est plus mûr et moins aqueux.

La liqueur que fournit le marc qu'on soumet au pressoir est plus colorée.

Les vins méridionaux, et en général ceux qu'on récolte dans les lieux bien exposés au midi, sont plus colorés que les vins du nord.

Tels sont les axiomes pratiques qu'une longue expérience a sanctionnés. Il en résulte deux vérités fondamentales : la première, c'est que le principe colorant du vin existe dans la pellicule du raisin ; la seconde, c'est que ce principe ne se détache et ne se dissout complètement dans la vendange, que lorsque l'alkool y est développé.

Nous nous occuperons, en tems et lieu, de la nature de ce principe colorant, et nous ferons voir que, quoiqu'il se rapproche des résines par quelques propriétés, il en diffère néanmoins essentiellement.

Il n'est personne qui, d'après ce court exposé, ne puisse se rendre raison de tous les procédés usités pour obtenir des vins plus ou moins colorés, et qui ne sente déjà qu'il est au pouvoir de l'agriculteur de porter dans ses vins la teinte de couleur qu'il desire.

ARTICLE III.

Préceptes généraux sur l'art de gouverner la fermentation.

La fermentation n'a besoin ni de secours ni de remèdes, lorsque le raisin a obtenu son degré de maturité convenable, que l'atmosphère n'est pas trop froide, et que la masse de la vendange est du volume requis. Mais ces conditions, sans lesquelles on ne sauroit obtenir de bons résultats, ne se réunissent pas toujours ; et c'est à l'art qu'il appartient de rapprocher toutes les circonstances favorables, et d'éloigner tout ce qui peut nuire pour obtenir une bonne fermentation.

Les vices de la fermentation se déduisent naturellement de la nature du raisin qui en est le sujet, et de la température de l'air qui peut être considéré comme un bien puissant auxiliaire.

Le raisin peut ne pas contenir assez de sucre pour donner lieu à une formation suffisante d'alkool : et ce vice peut provenir ou de ce que le raisin n'est pas parvenu à maturité, ou de ce que le sucre y est délayé dans une quantité trop considérable d'eau, ou bien encore de ce que, par la nature même du climat, le sucre ne peut pas suffisamment s'y développer. Dans tous ces cas, il est deux moyens de corriger le vice qui existe dans la nature même du raisin : le premier consiste à porter dans le moût le principe qui lui manque : une addition convenable de sucre présente à la fermentation les matériaux nécessaires à la formation de l'alkool ; et on supplée par l'art au défaut de la nature. Il paroît que les anciens connoissoient ce procédé, puisqu'ils mêloient du miel au moût qu'ils faisoient fermenter. Mais, de nos jours, on a fait des expériences très-directes à ce sujet, et je me bornerai à transcrire ici les résultats de celles qui ont été faites par *Macquer*.

« Au mois d'octobre 1776, je me suis procuré assez de raisins blancs, *Pineau* et *Mélier*, d'un jardin de Paris, pour faire vingt-cinq à trente pintes de vin. C'était du raisin de rebut ; je l'avois choisi exprès dans un si mauvais état de maturité, qu'on ne pouvoit espérer d'en faire un vin potable ; il y en avoit près de la moitié dont une partie des grains et des grappes entières étoient si vertes, qu'on n'en pouvoit supporter l'aigreur. Sans autre précaution que celle de faire séparer tout ce qu'il y avoit de pourri ; j'ai fait écraser le reste avec les rafles, et exprimer le jus à la main ; le moût qui en est sorti étoit très-trouble, d'une couleur verte, sale, d'une saveur aigre douce, où l'acide dominoit tellement qu'il faisoit faire la grimace à ceux qui en goûtoient. J'ai fait dissoudre dans ce moût assez de sucre brut pour lui donner la saveur d'un vin doux assez bon ; et, sans chaudière, sans entonnoir, sans fourneau, je l'ai mis dans un tonneau, dans une salle au fond d'un jardin, où il a été abandonné. La fermentation s'y est établie dans la troisième journée, et s'y est soutenue pendant huit jours, d'une manière assez sensible, mais pourtant fort modérée. Elle s'est appaisée d'elle-même après ce tems.

» Le vin qui en a résulté, étant tout nouvellement fait et encore trouble, avoit une odeur vineuse assez vive et assez piquante ; la saveur avoit quelque chose d'un peu revêche, attendu que celle du sucre avoit disparu aussi complètement que s'il n'y en avoit jamais eu. Je l'ai laissé passer l'hiver dans son tonneau ; et l'ayant examiné au mois de mars, j'ai trouvé que, sans avoir été soutiré ni colé, il étoit devenu clair ; sa saveur, quoique encore assez vive et assez piquante, étoit pourtant beaucoup plus agréable qu'immédiatement après la fermentation sensible ; elle avoit quelque chose de plus doux et de plus moelleux, et n'étoit mêlée néanmoins de rien qui approchât du sucre. J'ai fait mettre alors ce vin en bouteille ; et l'ayant examiné au mois d'octobre 1777, j'ai trouvé qu'il étoit clair, fin, très-brillant, agréable au goût, généreux et chaud, et, en un mot, tel qu'un bon vin blanc de pur raisin, qui n'a rien de liquoreux, et provenant d'un bon vignoble, dans une bonne année. Plusieurs connoisseurs, auxquels j'en ai fait goûter, en ont porté le même jugement, et ne pouvoient croire qu'il provenoit de raisins verts dont on eût corrigé le goût avec du sucre.

» Ce succès qui avoit passé mes espérances, m'a engagé à faire une nouvelle expérience du même genre, et encore plus décisive par l'extrême verdeur et la mauvaise qualité du raisin que j'ai employé.

» Le 6 novembre de l'année 1777, j'ai fait cueillir de dessus un berceau, dans un jardin de Paris, de l'espèce de gros raisins qui ne mûrit jamais bien dans ce climat-ci, et que nous ne connoissons que sous le nom de verjus, parce qu'on n'en fait guerre d'autre usage que d'en exprimer le jus avant qu'il soit tourné, pour l'employer à la cuisine en qualité d'assaisonnement acide ; celui dont il s'agit commençoit à peine à tourner, quoique la saison fût fort avancée, et il avoit été abandonné dans son berceau, comme sans espérance qu'il pût acquérir assez de maturité pour être mangeable. Il étoit encore si dur, que j'ai pris le parti de le faire crever sur le feu pour pouvoir en tirer plus de jus : il m'en a fourni huit à neuf pintes. Ce jus avoit une saveur très acide, dans laquelle on distinguoit à peine une très-légère saveur sucrée. J'y ai fait dissoudre de la cassonade la plus commune, jusqu'à ce qu'il me parût bien sucré ; il m'en a fallu beaucoup plus que pour le vin de l'expérience précédente, parce que l'acidité de ce dernier moût étoit beaucoup plus forte. Après la dissolution de ce sucre, la saveur de la liqueur quoique très-sucrée, n'avoit rien de flatteur, parce que le doux et l'aigre s'y faisoient sentir assez vivement et séparément, d'une manière désagréable.

» J'ai mis cette espèce de moût dans une cruche qui n'en étoit pas entièrement pleine, couverte d'un simple linge ; et la saison étant déjà très froide, je l'ai placée, dans une salle où la chaleur étoit presque toujours de 12 à 13 degrés, par le moyen d'un poële.

» Quatre jours après, la fermentation n'étoit pas encore bien sensible ; la liqueur me paroissoit tout aussi sucrée et tout aussi acide ; mais ces deux saveurs commençant à être mieux combinées, il en résultoit un tout plus agréable au goût.

» Le 14 novembre, la fermentation étoit dans sa force ; une bougie allumée introduite dans le vide de la cruche s'y éteignoit aussitôt.

» Le 30, la fermentation sensible étoit entièrement cessée, la bougie ne s'éteignoit plus dans l'intérieur de la cruche ; le vin qui en avoit résulté étoit néanmoins très-trouble et blanchâtre ; sa saveur n'avoit presque plus rien de sucré ; elle étoit vive, piquante, assez agréable, comme celle d'un vin généreux et chaud, mais un peu gazeux et un peu vert.

» J'ai bouché la cruche et l'ai mise dans un lieu frais pour que le vin achevât de s'y perfectionner par la fermentation insensible pendant tout l'hiver.

» Enfin, le 17 mars dernier 1778, ayant examiné ce vin, je l'ai trouvé presque totalement éclairci ; son reste de saveur sucrée avoit disparu ainsi que son acide. C'étoit celle d'un vin de pur raisin assez fort, ne manquant point d'agrément, mais sans aucun parfum ni bouquet, parce que le raisin, que nous nommons verjus, n'a point du tout de principe odorant ou d'esprit recteur ; à cela près, ce vin qui est tout nouveau, et qui a encore à gagner par la fermentation que je nomme insensible, promet de devenir généreux, moëlleux et agréable ».

Ces expériences me paroissent prouver avec évidence que le meilleur moyen de remédier au défaut de maturité des raisins est de suivre ce que la nature nous indique, c'est-à-dire, d'introduire dans leur moût la quantité de principe sucré nécessaire qu'elle n'a pu leur donner. Ce moyen est d'autant plus praticable, que non seulement le sucre, mais encore le miel, la mélasse, et toute autre matière saccharine d'un moindre prix, peuvent produire le même effet, pourvu qu'ils n'aient point de saveur accessoire désagréable qui ne puisse être détruite par une bonne fermentation.

Bullion faisoit fermenter le jus des treilles de son parc de Bellejames en y ajoutant quinze à vingt livres de sucre par muid ; le vin qui en provenoit étoit de bonne qualité.

Rozier a proposé depuis long-tems de faciliter la fermentation du moût et d'améliorer les vins par l'addition du miel dans la proportion d'une livre sur deux cents de moût. Tous ces procédés reposent sur le même principe, savoir, qu'il ne se produit pas d'alkool là où il n'y a pas de sucre, et que la formation de l'alkool, et conséquemment la générosité du vin, est constamment proportionnée à la quantité de sucre existant dans le moût ; d'après cela, il est évident qu'on peut porter son vin au degré de spiritualité qu'on désire, quelle que soit la qualité primitive du moût, en y ajoutant plus ou moins de sucre.

Rozier a prouvé (et l'on peut parvenir au même résultat en calculant les expériences de *Bullion*), que la valeur du produit de la fermentation est très-supérieure au prix des matières employées, de sorte qu'on peut présenter ces procédés comme objets d'économie et comme matière à spéculation.

Il est encore possible de corriger la qualité du raisin par d'autres moyens qui sont journellement pratiqués. On fait bouillir une portion du moût dans une chaudière, on le rapproche à moitié, et on le verse ensuite dans la cuve. Par ce procédé, la partie aqueuse se dissipe en partie, et la portion de sucre se trouvant alors moins délayée, la fermentation marche avec plus de régularité, et le produit en est plus généreux. Ce procédé, presque toujours utile dans le nord, ne peut être employé dans le midi que lorsque la saison a été très-pluvieuse, ou que le raisin n'y est pas assez mûr.

On peut parvenir au même but en faisant dessécher le raisin au soleil, ou l'exposant, à cet effet, dans des étuves, ainsi que cela se pratique dans quelques pays de vignobles.

C'est peut-être encore par la même raison, toujours dans l'intention d'absorber l'humidité, qu'on met quelquefois du plâtre dans la cuve, ainsi que le pratiquoient les anciens.

Il arrive quelquefois que le moût est à-la-fois trop épais et trop sucré. Dans ce cas, la fermentation est toujours lente et imparfaite ; les vins sont doux, liquoreux et pâteux, et ce n'est qu'après un long séjour dans les bouteilles que le vin s'éclaircit, perd le pâteux désagréable, et ne présente plus que de très-bonnes qualités. La plupart des vins blancs d'Espagne sont dans ce cas-là. Cette qualité de vin a néanmoins ses partisans ; et il est des pays où, à cet effet, l'on rapproche le moût par la cuisson ; il en est d'autres où l'on dessèche le raisin par le soleil ou dans des étuves, jusqu'à lui donner presque la consistance d'un extrait.

Il seroit aisé, dans tous les cas, de provoquer la fermentation, soit en délayant, à l'aide de l'eau, un moût trop épais, soit en agitant la vendange à mesure qu'elle fermente ; mais tout, cela doit être subordonné au but qu'on se propose, et l'agriculteur intelligent variera ses procédés selon l'effet qu'il se proposera d'obtenir.

On ne doit jamais perdre de vue que la fermentation doit être gouvernée d'après la nature du raisin et conformément à la qualité de vin qu'on desire obtenir. Le raisin de *Bourgogne* ne peut pas être traité comme celui de *Languedoc* ; le mérite de l'un est dans un bouquet qui se dissiperoit par une fermentation vive et prolongée ; le mérite de l'autre est dans la grande quantité d'alkool qu'on peut y développer, et ici la fermentation dans la cuve doit être longue et complète. En *Champagne*, on cueille le raisin destiné pour le vin blanc mousseux, dès le matin, avant que le soleil en ait évaporé toute l'humidité ; et, dans le même pays, on ne coupe le raisin destiné à la fabrication du rouge, que lorsque le soleil l'a fortement frappé et bien séché. Ici, il faut de la chaleur artificielle pour provoquer la fermentation ; là, la nature du moût est telle que la fermentation demanderoit à être modérée. Les vins foibles doivent fermenter dans les tonneaux ; les vins forts doivent travailler dans la cuve. Chaque pays a donc des procédés qui lui sont prescrits par la nature même de ses raisins ; et il est extraordinairement ridicule de vouloir tout soumettre à la même règle. Il importe de connoître bien la nature de son raisin et les principes de la fermentation : à l'aide de ces connoissances, on se fera un système de conduite qui ne peut qu'être très-avantageux parce qu'il est fondé, non sur des hypothèses, mais sur la nature même des choses.

Dans les pays froids, où le raisin est peu sucré et très-aqueux, il fermente difficilement ; on provoque la fermentation par deux ou trois moyens principaux. 1°. À l'aide d'un entonnoir en fer-blanc, qui descend par un bec très-large à quatre pouces du fond de la cuve, on introduit du moût bouillant dans la cuve. On peut en verser deux seaux sur trois cents bouteilles de moût. Ce procédé, proposé par *Maupin*, a produit de bons effets.

2°. On remue et agite la vendange de tems en tems. Ce mouvement a l'avantage de rétablir la fermentation quand elle a cessé ou qu'elle s'est ralentie, et de la rendre égale sous tous les points.

3°. On recouvre la vendange avec des couvertures de même que la cuve.

4°. On échauffe l'atmosphère du lieu dans lequel la cuve a été placée.

Il arrive souvent que le mouvement de la vendange se ralentit ou que la chaleur est inégale dans les divers points : c'est pour obvier à ces inconvéniens, sur-tout dans les pays froids où ils sont plus fréquens, qu'on foule la vendange de tems en tems. D. *Gentil* a fait deux cuvées de dix-huit pièces chacune, avec des raisins provenant de la même vigne, et cueillis en même tems ; le grain fut égrappé et écrasé ; égalité de suc de part et d'autre ; la vendange mise dans des cuves égales ; les jours, mais sur-tout les nuits et les matinées, étoient très-froids.

Au bout de quelques jours, la fermentation commença : on s'aperçut que le centre des cuves étoit très-chaud et les bords très-froids ; les cuves se touchoient, et toutes deux éprouvoient la même température. On en fit fouler une avec un rabot à long manche ; on poussa vers le centre, qui étoit le foyer de la chaleur, la vendange des bords qui étoit froide ; on foula à plusieurs reprises, et on entretint par ce moyen la même chaleur dans toute la masse. La fermentation fut terminée dans la cuve foulée douze à quinze heures plutôt que dans l'autre. Le vin en fut incomparablement meilleur ; il étoit plus délicat, avoit une saveur plus fine, étoit plus coloré, plus franc. On n'eût point dit qu'il provenoit de raisins de même nature.

Les anciens mêloient des aromates à la vendange en fermentation, pour donner à leurs vins des qualités particulières. *Pline* raconte qu'en Italie il étoit reçu de répandre de la poix et de la résine dans la vendange, *ut odor vino contingeret et saporis acumen*. Nous trouvons, dans tous les écrits de ce tems-là, des recettes nombreuses pour parfumer les vins. Ces divers procédés ne sont plus usités. J'ai cependant de la peine à croire qu'on n'en tirât pas un grand avantage. Cette partie très-intéressante de l'œnologie mérite une attention particulière de la part de l'agriculteur. Nous pouvons même en présager d'heureux effets, d'après l'usage pratiqué dans quelques pays de parfumer les vins avec la framboise, la fleur sèche de la vigne, etc.

Darcet m'a communiqué les faits suivans, que je m'empresse de publier ici, comme pouvant donner lieu à des expériences propres à avancer l'art de la vinification :

« J'ai pris, dit-il, un demi-tonneau qu'on nomme un demi-muid, je l'ai d'abord rempli de suc de raisin non foulé et tel qu'il a coulé de lui-même du raisin porté de la vigne dans le pressoir ; aussi n'a-t-il que très-peu de couleur.

» Ce tonneau contenoit environ cent cinquante pintes ; j'en ai pris environ trente pintes, qu'on a évaporées et concentrées à-peu-près à un huitième du volume de la liqueur ; on y a ajouté quatre livres de sucre commun et une livre de raisins de carême, qu'on a eu la précaution de déchirer ; ensuite on a reversé le tout, encore un peu chaud, dans le tonneau, qu'on a achevé de remplir avec du même moût, qu'on avoit gardé à part. On a ajouté dans le tonneau un bouquet d'une demi-once de petite absinthe sèche et bien conservée ; on a légèrement couvert le tonneau de sa bonde renversée : la fermentation n'a pas tardé à s'y établir, et s'est faite d'une manière franche et vive.

» Outre cette pièce de moût, j'ai aussi fait fermenter une dame-jeanne du même, d'environ vingt-cinq à trente pintes, avec environ demi-once de sucre par pinte : ce vin a très-bien fermenté dans cette cruche, et il m'a servi pour remplir pendant la fermentation et après le premier soutirage qui a été fait dans le tems ordinaire, et répété un an après ; ensuite il a été mis en bouteilles, après l'année révolue, ou dans l'hiver suivant.

» Ce vin a été fait en septembre 1788, par unbeau tems et une assez bonne année.

» Ce vin s'est très-bien conservé, même en vidange dans une bouteille, il ne s'est ni aigri ni troublé au bout de plusieurs jours. J'en ai encore deux ou trois bouteilles ; il commence à passer. »

ARTICLE IV.

Éthiologie de la fermentation.

Les phénomènes et les résultats de la fermentation sont d'un intérêt si puissant aux yeux du chimiste et de l'agriculteur, qu'après les avoir envisagés sous le point de vue de la pure pratique, il ne nous est pas permis de ne pas les considérer sous le rapport de la science.

Les deux phénomènes qui paroissent mériter le plus d'attention de la part du chimiste, sont la disparition du principe sucré et la formation de l'alkool.

Comme dans la fermentation il n'y a pas absorption d'air, ni addition d'aucune matière étrangère, il est évident que tous les changemens qui se font dans cette opération ne peuvent être rapportés qu'à la soustraction des substances qui se volatilisent ou qui se précipitent.

Ainsi, en étudiant la nature de ces substances ; et connoissant leurs principes constituans, il nous sera aisé de juger des changemens qui ont dû être apportés dans la nature des premiers matériaux de la fermentation.

Les matériaux de la fermentation sont le principe doux et sucré délayé dans l'eau. Ce principe est formé de sucre et d'extractif.

Les substances qui se volatilisent sont le gaz acide carbonique ; et celles qui se précipitent, sont une matière analogue à la fibre ligneuse mêlée de potasse.

Le principal produit de la fermentation, et l'alkool.

Il est évident que le passage du principe sucré à l'alkool ne pourra être conçu qu'en calculant la différence que doit apporter dans le principe sucré, la soustraction des principes qui forment le gaz acide carbonique qui se volatilise et le dépôt qui se précipite.

Ces principes sont sur-tout le carbone et l'oxygène : voilà donc, déjà du carbone et de l'oxygène enlevés au principe sucré par les progrès de la fermentation, mais à mesure que le principe sucré perd de son oxigène et de son carbone, l'hydrogène qui en forme le troisième principe constituant, restant le même, les caractères de cet élément doivent prédominer, et la masse fermentante doit parvenir au point où elle ne présentera plus qu'un fluide inflammable.

À mesure que l'alkool se développe, le liquide change de nature ; il n'a plus les mêmes affinités ni conséquemment la même vertu dissolvante. Le peu de principe extractif qui reste, après avoir échappé à la décomposition, se précipite avec le carbonate de potasse ; la liqueur s'éclaircit, et le vin est fait.

La fermentation vinaire n'est donc d'abord qu'une soustraction continue de charbon et d'oxygène, ce qui produit d'un côté l'acide carbonique, et de l'autre l'alkool. Le célèbre *Lavoisier* a soumis au calcul tous les phénomènes et résultats de la fermentation vineuse, en comparant les produits de la décomposition avec ses élémens. Il a pris pour base de ses calculs les données que lui a fournies l'analyse, tant sur la nature que sur les proportions des principes constituans avant et après l'opération : nous transcrirons ici les résultats qu'a obtenus ce grand homme.

MATÉRIAUX

De la fermentation pour un quintal de sucre.

Liv. onces. gros. grains. Eau 400 » » » Sucre 100 » » » Levûre de bière en pâte, composée de Eau 7 3 6 44 Levûre sèche 2 12 1 28   TOTAL 510 » » »

Détails des principes constituans des matériaux de la fermentation.

Liv. onces. gros. grains. Liv. onces. gros. grains. 407 3 6 44 d'eau composée de : hydrogène 61 » 2

71,40 oxygène 346 2 3 44,60 100 » » » Sucre composé de : hydrogène 8 » » » oxygène 64 » » » carbone 28 » » » » 12 1 28 Levûre sèche, composée de : carbone » 12 4 59,00 azot » » 5 2,94 hydrogène » 4 5 9,30 oxygène 1 10 2 28,76 TOTAL 510 » » »

RÉCAPITULATION

Des principes constituans des matériaux de la fermentation.

liv. onces. gros. grains. liv. onces. gros. grains. Oxygène de l'eau 340 » » » 411 12 6 1,36 de l'eau de la levûre 6 2 3 44,60 du sucre 64 » » » de la levûre sèche 1 10 2 28,76 Hydrogène de l'eau 60 » » » 69 6 » 8,70 de l'eau de la levûre 1 1 2 71,40 du sucre 8 » » » de la levûre sèche » 4 5 9,30 Carbone du sucre 28 » » » 28 12 4 59,00 de la levûre » 12 4 59,10 Carbone de la levûre » » » » » » 5 2,94 TOTAL 510 » » »

TABLEAU

Des résultats obtenus par la fermentation.

liv. onces. gros. grains. liv. onces. gros. grains. 35 5 4 19 d'oxigène 25 7 1 34 d'acide carbonique, composé de carbone 9 14 2 57 408 15 5 14 d'oxigène 347 10 » 59 d'eau composée d'hydrogène 61 5 4 27 57 11 1 58 d'oxigène combiné avec l'hydrogène 31 6 1 64 d'alkool sec, composé d'hydrogène combiné avec l'oxigène 5 8 5 3 d'hydrogène combiné avec le carbone 4 » 5 » de carbone 16 11 5 63 2 8 » » d'hydrogène » 2 4 » d'acide acéteux sec, composé d'oxigène 1 11 4 » de carbone » 10 » » 4 1 4 3 d'hydrogène » 5 1 67 de résidu sucré, composé d'oxigène 2 9 7 27 de carbone 1 2 2 53 1 6 » 50 d'hydrogène » 2 2 41 de levûre sèche, composée d'oxigène » 13 1 14 de carbone » 6 2 30 d'azot » » 2 37 510 » » » 510 » » »

RÉCAPITULATION

Des résultats obtenus par la fermentation.

liv. onces. gros. grains. liv. onces. gros. grains. 409 10 » 54 de l'eau 347 10 » 59 d'oxygène de l'acide carbonique 25 7 1 34 de l'alkool 31 6 1 64 de l'acide acéteux 1 11 4 » du résidu sucré 2 9 7 27 de la levûre » 13 1 14 28 12 5 59 de l'acide carbonique 9 14 2 57 de carbone de l'alkool 16 11 5 63 de l'acide acéteux » 10 » » du résidu sucré 1 2 2 53 de la levûre » 6 2 30 71 8 6 66 de l'eau 61 5 4 27 d'hydrogène de l'eau de l'alkool 5 8 5 3 combiné avec le carbone de l'alkool 4 » 5 » de l'acide acéteux » 2 4 » du résidu sucré » 5 1 67 de la levûre » 2 2 41 » » 2 37 d'azot » » 2 37
510 » » » 510 » » »

En réfléchissant sur les résultats que présentent les tableaux ci-dessus, il est aisé de voir clairement ce qui se passe dans la fermentation vineuse. On remarque d'abord que sur les cent livres de sucre qu'on a employées, il y en a 4 livres 1 once 4 gros 3 grains qui sont restés dans l'état de sucre non décomposé ; en sorte qu'on n'a réellement opéré que sur les 95 livres 14 onces 3 gros 69 grains de sucre, c'est-à-dire, sur 61 livres 6 onces 45 grains d'oxigène, sur 7 livres 10 onces 6 gros 6 grains d'hydrogène, et sur 26 livres 13 onces 5 gros 19 grains de carbone. Or, en comparant les quantités, on verra qu'elles sont suffisantes pour former tout l'esprit-de-vin, tout l'acide carbonique, et tout l'acide acéteux qui ont été produits par la fermentation.

Les effets de la fermentation vineuse se réduisent donc à séparer en deux portions le sucre qui est un oxyde ; à oxygéner l'une aux dépens de l'autre pour en former de l'acide carbonique ; à désoxygéner l'autre en faveur de la première, pour en former une substance combustible qui est l'alkool ; En sorte que s'il étoit possible de combiner ces deux substances, l'alkool et l'acide carbonique, on reformeroit du sucre. Il est à remarquer, au surplus, que l'hydrogène et le carbone ne sont pas à l'état d'huile dans l'alkool ; ils sont combinés avec une portion d'oxygène qui les rend miscibles à l'eau. Les trois principes, l'oxygène, l'hydrogène et le carbone sont donc encore ici dans une espèce d'état d'équilibre ; et, en effet, en les faisant passer à travers un tube de verre ou de porcelaine rougi au feu, on les recombine deux à deux ; et on retrouve de l'eau, de l'hydrogène, de l'acide carbonique, et du carbone.

Nous croyons devoir présenter ici, pour terminer l'article *fermentation*, le résultat de quelques expériences faites avec soin, en Languedoc, par *Poitevin*, et en Bourgogne, par D. *Gentil*. Elles m'ont paru précieuses, en ce qu'elles offrent à l'œil, non seulement tous les résultats de la fermentation, mais même le résultat de l'influence de la température, de la masse, de la nature du raisin sur la fermentation elle-même.

EXPÉRIENCES

Sur la fermentation vineuse, par POITEVIN.

C'est en 1772, et aux environs de Montpellier, que ces expériences ont été faites. Deux cuves ont servi à ces opérations, la première contenant environ six kilolitres, et la seconde environ vingt kilo litres.

La première cotée A, fut remplie avec des raisins provenans de vignes de différens âges, la plupart situées sur des coteaux exposés au midi. Les vignes qui ont fourni à la seconde B, étoient situées dans la plaine.

Les cuves étoient bâties en pierre de taille, et leur enduit étoit formé de chaux et de pouzzolane ; elles étoient exposées au midi ; le cellier étoit ouvert en plusieurs endroits et bien aéré. Les raisins ont été égrappés avec beaucoup de soin.

L'été avoit été très-chaud et très-sec, ce qui a avancé la maturité du raisin ; des pluies considérables survenues en septembre, et qui ont duré par intervalles, jusqu'au 5 octobre ; des brouillards fréquens, des tems couverts, des vents presque toujours au sud ou sud-est, toutes ces causes réunies ont détruit une partie des raisins. Les espèces qui ont la peau la plus fine ont subi une fermentation putride ; on a rejetté les raisins qui étoient pourris.

OBSERVATIONS MÉTÉOROLOGIQUES.

OCTOBRE 1772.

Jours du Mois. VENTS. THERMOMÈTRE EXPOSÉ AU NORD.   Matin. Soir. à 8 heures du matin. à midi. à 8 heures du soir. ÉTAT du CIEL. 10 E. foible S. 12 ½ 17 ¼ 13 ½ Nuages. 11 E. foible S. 14 18 13 Beau tems. 12 N.O. N.O. 13 17 13 Beau avec nuages. 13 N.O. N.O. 12 16 13 Nuages. 14 N.O. N.O. 13 17 12 ½ Nuages et vent frais. 15 N.O. S. 12 16 ½ 12 ½ Beau tems, vent frais. 16 N. S. 13 16 ½ 12 ½ Beau tems. 17 S.O. N. 13 17 13 *Idem.* 18 S.O. N. 12 ½ 16 ½ 12 ½ Couvert le matin, beau le soir. 19 N. S.O. 13 17 ½ 13 *Idem.* 20 N. S.O. 12 ⅓ 17 13 Beau tems. 21 N. S.O. 13 17 ½ 13 ½ Nuages le matin, beau le soir. 22 S.E. S.E. 13 17 ½ 13 ½ Pluie le matin, orage, avec tonnerre le soir ; nuages le soir. 23 S.E. S.E. 12 ½ 13 ½ 14 Pluie et quelque tonnerre. 24 S.E. S.E. 14 ½ 16 14 Pluie et tonnerre le matin ; couvert et vent fort le soir. 25 S.E. S.E. 13 ½ 13 13 Couvert, vent et un peu de pluie. 26 N. S.E. 12 ½ 16 ½ 13 Beau tems. 27 N. S.E. 12 14 ½ 12 ½ Beau avec nuages, couvert, grand vent, pluie pendant la nuit. 28 N.O. S.O. 12 15 12 ½ Beau tems.

OBSERVATIONS SUR LA CUVE *A*.

OCTOBRE 1772.

ON a cessé de porter dans cette cuve le 6 ; l'effervescence étoit déjà faite ce jour-là : l'observation n'a pu être commencée que le 11.

Jour du Mois. HEURES de l'observation. TEMPS que le thermomètre a resté dans la cuve. Chaleur de la cuve. Température du cellier. REMARQUES. 11 9 du matin. 25 minutes 26 ¼ 14 Très-forte effervescence. 11 midi. 25 minutes. 26 ¾ 14 11 soir. 5 heures. 26 ¼ 14 12 matin. fixe depuis la veille. 25 ¼ 13 ½ Moindre. 12 soir. fixe. 24 13 ½ 13 soir. fixe. 24 13 ½ L'effervescence paroît détruite, le marc est affaissé, le vin assez coloré. 14 soir. fixe. 23 ¼ 14 15 soir. 2 heures. 22 12 ½

Cette cuve a été vidée le 16 au matin ; le thermomètre a marqué 31 et demi dans un tonneau qu'on venoit de remplir, et 14 dans le cellier. L'effervescence étoit très-sensible dans le tonneau.

OBSERVATIONS SUR LA CUVE *B*.

OCTOBRE 1772.

Jour du Mois. HEURES de L'OBSERVATION. TEMPS que le thermomètre reste dans la cuve. CHALEUR de LA CUVE. TEMPÉRATURE du CELLIER. 15 matin. 2 heures. 28 ¾ 12 ½ 15 midi. 30 minutes. 28 ½ 14 15 soir. 50 minutes. 23 ½ 12 ½ 16 matin. 2 heures. 28 ¾ 14 16 midi. 30 minutes. 28 ½ 14 ½ 16 soir. 50 minutes. 28 ½ 14 17 midi. fixe. 28 15 17 7 heures et demie du soir. fixe. 27 ½ 14 18 matin. *Id.* 27 ¼ 14 19 matin. *Id.* 27 ¼ 14 19 soir. *Id.* 27 14 20 matin. *Id.* 26 ¼ 14 21 *Id. Id.* 25 ½ 13 ½ 22 *Id. Id.* 24 ½ 13 23 *Id. Id.* 23 ¾ 13 ½ 24 *Id. Id.* 22 ½ 13 ½ 25 *Id. Id.* 22 ½ 12 ½ 26 *Id. Id.* 25 ¼ 12 ½

Le 27 au soir la cuve a été vidée ; la température du vin dans un tonneau qu'on venoit de remplir étoit de 21 degrés et demi ; celle du cellier étoit de 13. Le thermomètre ne marquoit plus que 20 degrés le lendemain matin. L'effervescence étoit sensible dans les tonneaux.

EXPÉRIENCES

SUR LA FERMENTATION VINEUSE,

Par D. GENTIL.

EXPÉRIENCE Ire. Trois muids remplis du moût tiré d'une cuve dont les raisins noirs et blancs avoient été écrasés. Ce moût étoit destiné à faire du vin paillet.
(*Nota*. Le thermomètre a toujours été celui de Réaumur.)

OCTOBRE 1779.

Jours du Mois. Heures. TEMPÉRATURE. RÉFLEXIONS ET CONSÉQUENCES. du lieu. de la liqueur. 2 6 10 11 Le *maximum* de la chaleur a été de 13 degrés ; elle a diminué dès le troisème jours de la fermentation, puisqu'à 9 heures du soir elle n'étoit qu'à douze degrés.
Le 6, l'effervescence n'a plus été sensible, la liqueur étoit encore sucrée.
Ce vin a été tiré au clair en janvier, et au mois de mai, le thermomètre étant à 10 degrés, l'aréomètre y marquois 11.
11 10 13 4 12 13 3 7 10 13 10 9 12 9 9 11 4 12 9 10 ½ 7 9 10 ½ 5 9 9 10 ½ 7 10 10 6 12 10 10 10 10 10

EXPÉRIENCE IIe. 11 Muids de moût provenant d'environ deux tiers de raisins noirs et un tiers de raisins blancs, très-égrappés et foulés avant d'être mis dans la cuve, de manière qu'au moins les deux tiers étoient écrasés. Cette cuve contenoit 11 muids de moût, et le marc de 14 muids.
Nota. La jauge étoit graduée d'un pouce et demi-pouce. Le degré étoit d'un pouce.

OCTOBRE 1779.

Jours du Mois. Heures. TEMPÉRATURE. Jauge. OBSERVATIONS ET CONSÉQUENCES. du lieu. de la liqueur. 2 11 10 10 5   Le marc s'est élevé depuis le n°. 5 de la jauge jusqu'à 10, où il s'est maintenu pendant 87 heures, malgré que la chaleur ait diminué.

La saveur sucrée n'a disparu que 2 heures avant le tirage, c'est-à-dire, que cette saveur a resté depuis le *maximum* de la fermentation, pendant 85 heures.

Le marc a donné sous le pressoir une liqueur sensiblement douce et sucrée. Le vin étoit très-foncé en couleur.

Les bords de la cuve étoient plus froids que le centre. Si on eût foulé, l'opération eût été plus prompte et plus exacte.

4 12 15 6 10 9 16 6 3 7 10 17 6 10 9 19 7 4 6 9 21 8 8 9 21 9 4 9 soir. 9 22 10 5 5 9 ½ 22 10 8 9 ½ 22 10 9 10 21 10 6 6 21 10 9 ¾ 9 ¾ 20 10 6 12 10 18 10 3 9 ½ 19 10 7 9 ½ 19 10 7 9 soir. 11 19 10 8 7 10 17 10 12 10 17 10

EXPÉRIENCE IIIe. Une cuve renfermant trois muids raisins égrappés, dont trois quarts noirs et mûrs, le reste blanc, mais mûr ; les deux tiers foulés et écrases ; la vendange sortant de la vigne, et faite en tems couvert.

OCTOBRE 1779.

Jours du Mois. Heures. TEMPÉRATURE PHÉNOMÈNES.   du lieu. de la liqueur. 9 5 soir. 11 ½ 10 9 9 9 11 8 ½ 12 12 10 ½ 9 15 — La vendange a été foulée. 4 ½ 9 15 — La vendange froide près des bords a été foulée. 13 5 soir. 11 16 ½ — La lumière s'éteint. 14 9 8 ½ 14 — Saveur douce, sucrée ; odeur vineuse. 6 ½ 11 15 — Douce, sucrée ; odeur vineuse ; lumière à peine trouble. 15 9 8 14 — Lumière éteinte ; peu sucré, vineux ; on a foulé. 15 7 11 14 ½ — *Idem.* 16 9 ½ 10 13 ½ — Vineux ; lumière ne s'éteint pas. 1 ½ 10 14 — Sans sucre, un peu dur, odeur d'alkool. 7 11 14 — Sans sucre, dur, odeur d'alkool ; lumière ne s'éteint pas. 17 10 11 12 — *Idem.* 7 3 ¾ 12 — *Idem.* 18 9 8 ½ 11 — Plus dur, grossier ; la lumière point éteinte. 6 ½ 12 10 ½ — *Idem.* 19 8 ½ 12 10 ½ — *Idem*, mais acerbe. 7 12 12 — *Idem.* 20 8 11 11 ¼ — *Idem.* 7 12 11 ¼ — *Idem.* 21 11 12 11 — Toujours plus acerbe. 7 12 11 — *Idem.* 22 9 11 ½ 11 — Dur, acerbe, sans force, ou plat. 6 13 11 ¼ — *Idem.* 23 11 10 10 ¾ 7 11 1 ½ — Plus désagréable et grossier : le vin a été tiré de la cuve, transvasé et mis à la cave.

EXPÉRIENCE IVe. Un muid rempli aux trois quarts de grains de raisins entiers, avec leurs grappes, un quart a été égrappé ; moitié de cette vendange sortoit de la vigne et l'autre de la cuve, où elle étoit restée 30 heures sans avoir éprouvé de fermentation sensible.

OCTOBRE 1779.

Jours du Mois. Heures. TEMPÉRATURE PHÉNOMÈNES. du lieu. de la liqueur. 4 4 soir. 11 ½ 10 10 10 9 12 ½ 4 11 13 ½ 11 10 8 ½ 14 — Sifflement, bouillonnement, lumière trouble. 5 7 15 — Lumière trouble. 12 10 16 ½ — *Idem.* Foulé ensuite, froid entre la vendange et les bords du muid. 5 9 16 — *Idem.* et foulé ensuite. 13 9 9 16 — *Id.* Enlevé le quart du marc qui formoit la croûte, pour y placer des instrumens de physique. 5 11 15 — Bords froids, odeur vineuse, lumière trouble. 6 8 ½ 13 — Sucré, mais effervescent, odeur vineuse, lumière trouble. 6 11 13 — Plus de sucre, effervescent, odeur vineuse. 10 10 13 — Sans sucre, saveur dure, odeur vineuse. 15 9 8 12 ½ — *Idem.* 7 11 12 — Âpre et dur. 17 10 11 11 — *Idem.* 7 9 ¼ 11 ¼ — *Idem.* 18 9 8 ½ 11 — Dur, austère. 6 12 10 — Pus dur, grossier. 19 8 10 10 ¼ — *Idem.* 7 12 12 — *Idem.* 20 8 11 11 — *Idem.* 7 12 11 — *Idem.* 21 11 12 11 ½ — *Idem.* 7 12 11 ½ — *Idem.* 22 9 11 ½ 11 — *Idem.* 6 13 11 ½ — *Idem.* 23 11 10 11 — Très-dur, très-acerbe, plat. 7 11 10 ½ — Le vin a été tiré du muid, transvasé et mis en cave.

EXPÉRIENCE V[e]. Cette expérience a été faite sur un muid rempli de moût, tiré d'une cuve dont la vendange n'avoit pas été foulée exprès, et qui n'avoit pas éprouvé la plus légère fermentation. Ce moût, sorti naturellement du raisin, provenoit de deux tiers noirs, bien murs, et un

tiers blancs, moins murs. C'étoit donc la première goutte du raisin, ou *mère-goutte*.
OCTOBRE 1779.

Jours du Mois. Heures. TEMPÉRATURE PHÉNOMÈNES. du lieu. de la liqueur. 9 6 11 ½ 10 10 10 9 11 4 11 11 ½ — Surface couverte de petites bulles et d'écume. 11 10 8 ½ 11 — Bulles et écume. 5 9 11 — Bulles plus grosses, écume augmentée. 12 10 7 9 — *Idem*. mais encore plus sucré. 5 9 9 — Plus sucré dans le bas, effervescence peu sensible, lumière trouble. 13 9 9 9 14 6 8 ½ 9 — Sucré dans le haut, effervescence, odeur vineuse. 6 11 10 — *Idem*. 15 9 8 10 — *Idem*. 7 11 10 ½ — *Idem*. 16 9 10 11 — *Idem*. 7 10 11 — *Idem*. Sucré dans le haut. 17 10 11 11 — *Idem*. 7 9 ¾ 11 — *Idem*. 18 9 8 ½ 10 — *Idem*. 6 12 10 — Sucré dans le haut, un peu dans le milieu, peu dans le fond. 19 8 10 10 ¼ — *Idem*. 7 12 13 — Sucré dans le haut, peu dans le milieu, point dans le fond. 20 8 11 11 ½ — *Idem*. 7 12 12 — Point de sucre dans le milieu ni le fond. 21 11 12 12 — *Idem*. 7 12 12 — Un peu de sucre dans le haut, plus d'effervescence, très-vineux. 22 9 11 ½ 11 ½ — *Idem*. 6 13 11 ½ 11 10 10 — *Idem*. 23 7 11 10 ½ — Le vin a été tiré, transvasé, mis en cave.

EXPÉRIENCE VIe. Expérience faite a Morveaux, sur un muid de raisins blancs, nommés *Albane* et *Fromenteau*, espèces dont le vin est considéré dans le pays. Les raisins étoient très-murs et cueillis par un tems sec et chaud. Les trois quarts et demi furent égrappés, et moitié de la totalité fut écrasée.
OCTOBRE 1779.

Jours du Mois. Heures. TEMPÉRATURE PHÉNOMÈNES. du lieu. de la liqueur. 24 4 soir. 4 4 soir. 14 — La liqueur ne fermentoit pas ; on l'a portée à la cuisine, près du feu, elle a été remuée et agitée pour la troisième fois. 10 26 4 12 — La vendange a été foulée pour la quatrième fois. 7 13 — Effervescence sensible ; élévation des grains. 10 — Effervescence plus forte, croûte élevée de 4 pouces. 11 14 ½ 14 — Croûte élevée de 5 pouces, sifflement, bouillonnement, épanchement de la liqueur par le haut. 12 ½ 15 14 — Lumière trouble. 2 3/4 15 14 ¼ — *Idem*, mais la vendange foulée, la lumière n'a pas souffert. 26 3 ¼ 15 ¼ 15 — Lumière souffrante. 5 15 15 — Lumière souffrante ; foulée, lumière souffrante encore/ 11 15 15 — *Idem*. 27 4 15 15 ¼ — *Idem*. 7 14 16 — *Idem*. 9 14 18 — Bougie éteinte entre les bords et la vendange, non au centre ; après avoir foulé, la bougie ne s'est éteinte nulle part. 11 ¼ 14 18 ½ — *Idem*. 1 15 18 ½ — Bougie éteinte par-tout ; foulé, bougie éteinte ; ajouté un seau de vendange qu'on en avoit tiré par le haut lorsqu'elle reversoit. 37 min. 15 18 ½ — La bougie s'est éteinte sur toute la surface. La vapeurs rassemblées en petites gouttes dans une cloche de verre renversée sur la vendange, depuis une heure jusqu'à 3 heures 7 minutes, s'élevoient à 5 pouces contre les parois. Le haut de la cloche étoit sec. Les goutelettes rassemblées étoient diaphanes, claires comme de l'eau, douces et sucrées ; après quoi on a foulé. 5 ½ 14 ¾ 19 — La bougie s'est éteinte sur toute la surface, à la distance de deux pouces de hauteur : la surface étoit unie ; les goutelettes ont paru à près de 6 pouces de hauteur dans l'intérieur de la cloche ; elles étoient douces et miélées ; on a foulé la vendange, qui ensuite a éteint pourtant la chandelle à plus de 2 pouces et demi de hauteur ; la liqueur du bas du muid étoit sucrée, vineuse. 8 ⅓ 15 20 — *Idem*. 8 15 21 — On a foulé, après quoi la bougie s'est éteinte.

↑ Il est des corps muqueux qui subissent la fermentation spiritueuse, mais il est probable que ces corps muqueux contiennent du sucre qu'il est d'autant plus difficile d'en extraire, que sa proportion y est moindre.

CHAPITRE V.

Du tems et des moyens de décuver.

DE tout tems les agriculteurs ont mis un très grand intérêt à pouvoir reconnoître à des signes certains, le moment le plus favorable pour *décuver*. Mais ici, comme ailleurs, on est tombé dans le très-grand inconvénient des méthodes générales. Ce moment doit varier selon le climat, la saison, la qualité des raisins, la nature du vin qu'on se propose d'obtenir, et autres circonstances qu'il ne faut jamais perdre de vue.

Il nous convient donc de poser des principes, plutôt que d'assigner des méthodes : c'est, je crois, le seul moyen de maîtriser les opérations, et de mener de front cet ensemble de phénomènes dont la connoissance et la comparaison deviennent nécessaires pour motiver une décision.

Il est des agriculteurs qui ont osé déterminer une durée fixe à la fermentation, comme si le terme ne devoit pas varier selon la température de l'air, la nature du raisin, la qualité du vin, etc.

Il en est d'autres qui ont pris pour signe de décuvage l'affaissement de la vendange, ignorant sans doute que la presque totalité des vins du nord auroit perdu ses propriétés les plus précieuses, si l'on tardoit à décuver jusqu'à l'apparition de ce signe.

Nous voyons des pays où l'on juge que la fermentation est faite, lorsqu'après avoir reçu le vin dans un verre, on n'aperçoit plus ni mousse à la surface, ni bulles sur les parois du vase. Ailleurs, on se contente d'agiter le vin dans une bouteille, ou de le transvaser à plusieurs reprises dans des verres, pour s'assurer s'il existe encore de la mousse. Mais outre qu'il n'y a pas de vins nouveaux qui ne donnent plus ou moins d'écume, il en est beaucoup dans lesquels on doit conserver ce reste d'effervescence, pour ne pas perdre une de leurs principales propriétés.

Il est des pays où l'on enfonce un bâton dans la cuve ; on le retire promptement, et on laisse couler le vin dans un verre, où l'on examine s'il fait un cercle d'écume, s'il *fait la roue*.

D'autres enfoncent la main dans le marc, la portent au nez, et jugent, à l'odeur, de l'état de la cuve : si l'odeur est douce, on laisse fermenter ; si elle est forte, on décuve.

Nous trouvons encore des agriculteurs qui ne consultent que la couleur pour se régler sur le moment du décuvage ; ils laissent fermenter jusqu'à ce que la couleur soit suffisamment foncée. Mais la coloration dépend de la nature du raisin ; et le moût, sous le même climat et dans le même sol, ne présente pas toujours la même disposition à se colorer ; ce qui rend ce signe peu constant et très insuffisant.

Il s'ensuit que tous ces signes, pris isolément, ne sauroient offrir des résultats invariables, et qu'il faut en revenir aux principes, si l'on veut s'appuyer sur des bases fixes.

Le but de la fermentation est de décomposer le principe sucré ; il faut donc qu'elle soit d'autant plus vive, ou d'autant plus longue, que ce principe est plus abondant.

Un des effets inséparables de la fermentation, c'est de produire de la chaleur et du gaz acide carbonique. Le premier de ces résultats tend à volatiliser et à faire dissiper le parfum ou bouquet qui fait un des principaux caractères de certains vins. Le second entraîne au-dehors, et fait perdre dans les airs un fluide qui, retenu dans la boisson, peut la rendre plus agréable et plus piquante. Il suit de ces principes, que les vins foibles, mais agréablement parfumés, exigent peu de fermentation, et que les vins blancs, dont la principale propriété est d'être mousseux, ne doivent presque pas séjourner dans la cuve.

Le produit le plus immédiat de la fermentation, c'est la formation de l'alkool ; il résulte immédiatement de la décomposition du sucre : ainsi, lorsqu'on opère sur des raisins très-sucrés, tels que ceux du-midi, la fermentation doit être vive et prolongée, parce que ces vins, destinés pour la distillation, doivent produire de suite tout l'alkool qui peut résulter de la décomposition de tout le principe sucré. Si la fermentation est lente et foible, les vins restent liquoreux, et ne deviennent secs et agréables qu'après le long travail des tonneaux.

En général, les raisins riches en principe sucré doivent fermenter long-tems, Dans le Bordelais, on laisse se terminer la fermentation : on ne décuve que lorsque la chaleur est tombée.

D'après ces principes et autres qui découlent de la théorie précédemment établie, nous pouvons tirer les conséquences suivantes :

1°. Le moût doit cuver d'autant moins de tems, qu'il est moins sucré. Les vins légers, appelés *vins de primeur*, en Bourgogne, ne peuvent supporter la cuve que 6 à 12 heures.

2°. Le moût doit cuver d'autant moins de tems, qu'on se propose de retenir le gaz acide, et de former des vins mousseux : dans ce cas, on se contente de fouler le raisin, et d'en déposer le suc dans des tonneaux, après l'avoir laissé dans la cuve quelquefois 24 heures, et souvent sans l'y laisser séjourner. Alors, d'un côté, la fermentation est moins tumultueuse : et, de l'autre, il y a moins de facilité pour la volatilisation du gaz ; ce qui contribue à retenir cette substance très-volatile, et à en faire un des principes de la boisson.

3°. Le moût doit d'autant moins cuver, qu'on se propose d'obtenir un vin moins coloré. Cette condition est sur-tout d'une grande considération pour les vins blancs, dont une des qualités les plus précieuses est la blancheur.

4°. Le moût doit cuver d'autant moins de tems, que la température est plus chaude, et la masse plus volumineuse, etc. : dans ce cas, la vivacité de la fermentation supplée à sa longueur.

5°. Le moût doit cuver d'autant moins de tems, qu'on se propose d'obtenir un vin plus agréablement parfumé.

6°. La fermentation sera, au contraire, d'autant plus longue, que le principe sucré sera plus abondant et le moût plus épais.

7°. Elle sera d'autant plus longue, qu'ayant pour but de fabriquer des vins pour la distillation, on doit tout sacrifier à la formation d'alkool.

8°. La fermentation sera d'autant plus longue, que la température a été plus froide lorsqu'on a cueilli le raisin.

9°. La fermentation sera d'autant plus longue, qu'on desire un vin plus coloré.

C'est en partant de tous ces principes qu'on pourra concevoir pourquoi, dans un pays, la fermentation dans la cuve se termine en 24 heures, tandis que, dans d'autres, elle se continue douze ou quinze jours ; pourquoi une méthode ne peut pas recevoir une application générale ; pourquoi les procédés particuliers exposent à des erreurs, etc.

D. *Gentil* admet, comme signe invariable de la nécessité de décuver, la disparition au goût du principe doux et sucré. Cette disparition, ainsi qu'il l'observe, n'est qu'apparente ; et le peu qui reste, dont la saveur est masquée par celle de l'alkool qui prédomine, termine sa décomposition dans les tonneaux. Il est encore évident que ce signe qui n'est pas du tout applicable au vin blanc, ne peut pas servir non plus pour les vins qui doivent rester liquoreux.

Les signes déduits de l'affaissement du chapeau, de la décoloration des vins, nous offrent de semblables inconvéniens ; et il faut en revenir aux principes de doctrine que nous avons établis ci-dessus. Il n'est que ce moyen de ne pas errer.

Presque toujours un agriculteur prévoyant prépare ses tonneaux aux approches de la vendange, de manière qu'ils soient toujours disposés à recevoir le vin sortant de la cuve. Les préparations qu'on leur donne se réduisent aux suivantes :

Si les tonneaux sont neufs, le bois qui les compose conserve une astriction et une amertume qui peuvent se transmettre au vin ; et l'on corrige ces défauts en y passant de l'eau chaude et de l'eau-sel à plusieurs reprises : on y agite ces liqueurs avec soin, et on les y laisse séjourner assez longtems pour qu'elles en pénètrent le tissu, et en extraient le principe nuisible. Si le tonneau est vieux et qu'il ait servi, on le défonce ; on enlève avec un instrument tranchant la couche de tartre qui en tapisse les parois, et on y passe de l'eau chaude ou du vin.

En général, les méthodes les plus usitées pour préparer les tonneaux se bornent à ce qui suit :

1°. Lavez le tonneau avec de l'eau froide ; puis mettez-y une pinte d'eau salée et bouillante ; bouchez-le, et agitez-le en tous sens ; videz-le, et laissez bien couler l'eau ; dès que l'eau aura coulé, ayez une ou deux pintes du moût qui fermente ; faites-le bouillir ; écumez-le, et jetez ce liquide bouillant dans le tonneau ; bouchez, agitez et faites couler.

2°. On peut substituer du vin chaud aux préparations ci-dessus.

3°. On peut encore employer une infusion de fleurs et feuilles de pêcher, etc. etc.

Lorsque les tonneaux ont contracté quelque mauvaise qualité, telle que moisissure, goût de punaise……, il faut les brûler : il est possible de masquer ces vices, mais il seroit à craindre qu'ils ne reparussent.

Les anciens mettoient du plâtre, de la myrrhe et différens aromates dans les tonneaux où ils déposoient leurs vins en les tirant de la cuve. C'étoit ce qu'ils appeloient *conditura vinorum*. Les Grecs y ajoutoient un peu de myrrhe pilée ou de l'argile. Ces diverses substances avoient le double avantage de parfumer le vin, et de le clarifier promptement.

Les tonneaux, convenablement préparés, sont assujettis sur la banquette qui doit les supporter : on a l'attention de les élever de quelques centimètres au-dessus du sol, tant pour prévenir l'action d'une humidité putride, que pour faciliter l'extraction du vin qu'ils doivent contenir. On les dispose par rangs parallèles dans le même cellier, ayant soin de laisser un intervalle suffisant pour pouvoir commodément circuler et s'assurer qu'aucun d'eux ne perd et ne *transpire*.

C'est dans les tonneaux ainsi préparés qu'on dépose la vendange, dès qu'on juge qu'elle a suffisamment cuvé : à cet effet, on ouvre la canelle de la cuve qui est placée à quelques pouces au-dessus du sol, et on fait couler le vin dans un réservoir pratiqué ordinairement par dessous, ou dans un vaisseau qu'on y adapte à dessein de le recevoir ; le vin est de suite puisé dans le premier réservoir et porté dans le tonneau, où on l'introduit à l'aide d'un entonnoir.

La liqueur qui surnage le dépôt de la cuve se nomme *surmoût* en Bourgogne. On soutire le surmoût avec soin, on le met dans des tonneaux de cent vingt pots, ou dans des demi-tonneaux de soixante. Ce surmoût donne le vin le plus léger, le plus délicat, et le moins coloré.

Lorsqu'on a fait écouler tout le vin que peut fournir la cuve, il n'y reste que le chapeau qui s'est affaissé presque sur le dépôt. Ce marc est encore imprégné de vin, et en retient une quantité assez considérable, qu'on en extrait en le soumettant au pressoir. Mais, comme le chapeau qui a été en contact avec l'air atmosphérique a assez constamment contracté un peu d'acidité, sur-tout lorsque la vendange a cuvé long-tems, on a grand soin d'enlever et de séparer le chapeau pour l'exprimer séparément, ce qui donne un vinaigre de très-bonne qualité.

On se borne donc à porter le dépôt de la cuve sous le pressoir, et on met le vin qui en découle arec celai qui est déjà dans les tonneaux ; après quoi on ouvre le pressoir, et, avec une pelle tranchante, on coupe le marc à trois ou quatre doigts d'épaisseur tout-autour ; on jette au milieu ce qui est coupé, et on presse de rechef ; on coupe encore, et on pressure pour la troisième fois.

Le vin qui provient de la première *taille* ou *coupe* est le plus fort ; celui qui provient de la troisième est le plus dur, le plus âpre, le plus vert, le plus coloré.

Quelquefois on se borne à une première taille, sur-tout lorsqu'on veut employer le marc à la fermentation acéteuse ; souvent on mêle le produit de ces diverses coupes dans des tonneaux séparés, pour avoir un vin coloré et assez durable ; ailleurs on le mêle avec le vin non pressuré, lorsqu'on desire de donner à celui-ci de la couleur, de la force, et une légère striction.

En Champagne, on mêle le vin de l'abaissement, qui est celui du premier pressurage, avec ceux qui proviennent des tailles suivantes.

Le vin de presse est d'autant moins coloré qu'on a pressé plus foiblement, plus promptement. On nomme ces vins-là, en Champagne, *Vins gris*. On appelle *Œil de perdrix* le vin qui provient de la première et de la seconde taille ; et on donne le nom de *Vin de taille* au produit de la troisième et quatrième : celui-ci est plus coloré, mais il ne laisse pas d'être agréable.

Le marc, fortement exprimé, prend quelquefois la dureté de la pierre. Ce marc a divers usages dans le commerce.

1°. Dans certains pays, on le distille pour en extraire une eau-de-vie qui porte le nom d'*eau-de-vie de Marc*. Elle est connue, en Champagne, sous le nom d'*eau-de-vie d'Aisne* ; elle a mauvais goût. Cette distillation est avantageuse, surtout dans les pays où le vin est très-généreux, et où les pressoirs serrent peu.

2°. Aux environs de Montpellier, on met le marc dans des tonneaux où on le foule avec soin, et on le conserve pour la fabrication du vert-de-gris (voyez mon mémoire à ce sujet, Annales de chimie et Mém. de l'Institut).

3°. Ailleurs, on le fait aigrir, en l'aérant avec soin, et on extrait ensuite le vinaigre par une pression vigoureuse. On peut même en faciliter l'expression en l'humectant avec de l'eau.

4°. Dans plusieurs cantons, on nourrit les bestiaux avec le marc : à mesure qu'on le tire du pressoir, on le passe entre les mains pour diviser les pelotons, on le jette dans des tonneaux défoncés, et on l'humecte avec de l'eau pour le détremper ; on recouvre le tout avec de la terre forte mêlée de paille ; on donne à cette couche d'enduit environ, deux décimètres d'épaisseur. Lorsque la mauvaise saison ne permet pas aux bestiaux d'aller aux champs, on détrempe environ trois kilogrammes de ce marc dans de l'eau tiède, avec du son, de la paille, des navets, des pommes de terre, des feuilles de chêne ou de vigne qu'on a conservées exprès dans l'eau : on peut ajouter un peu de sel à ce mélange, dont les animaux mangent deux fois par jour ; on leur en fait le matin et le soir dans un baquet. Les chevaux et les vaches aiment cette nourriture ; mais il faut en donner modérément à ces dernières, parce que le lait tourneroit. Le marc des raisins blancs est préféré parce qu'il n'a pas fermenté.

5°. Les pépins contenus dans le raisin servent encore à nourrir la volaille ; on peut aussi en extraire de l'huile.

6°. Le mare peut être brûlé pour en obtenir l'alkali : quatre milliers de marc fournissent cinq cents-livres de cendres qui donnent cent dix livres alkali sec.

CHAPITRE VI.

De la manière de gouverner les vins dans les tonneaux.

LE vin déposé dans le tonneau n'a pas atteint son dernier degré d'élaboration. Il est trouble, et fermente encore : mais, comme le mouvement en est moins tumultueux, on a appelé cette période de fermentation, *fermentation insensible*.

Dans les premiers momens que le vin a été mis dans les tonneaux, on entend un léger sifflement qui provient du dégagement continu des bulles de gaz acide carbonique qui s'échappent de tous les points de la liqueur ; il se forme une écume à la surface qui déverse par le bondon, et on a l'attention de tenir le tonneau toujours plein pour que l'écume sorte et que le vin se dégorge. Il suffît dans les premiers instans d'assujettir une feuille sur le bondon, ou d'y mettre une tuile.

À mesure que la fermentation diminue, la masse du liquide s'affaisse ; et on surveille cet affaissement avec soin pour verser du nouveau vin et tenir le tonneau toujours plein ; c'est cette opération qu'on appelle *ouiller*. Il est des pays où l'on *ouille* tous les jours, pendant le premier mois ; tons les quatre jours, pendant le deuxième ; et tous les huit, jusqu'au soutirage. C'est ainsi qu'on le pratique pour les vins délicieux de l'Hermitage.

En Champagne, on laisse fermenter les *vins gris* dans les tonneaux, dix à douze jours ; et, dès qu'ils ont cessé de bouillir, on ferme les tonneaux par le bondon, en y laissant un soupirail à côté, qu'on appelle *broqueleur*. On le ferme huit ou dix jours après, avec une cheville de bois qu'on peut ôter à volonté ; dès qu'on les a bondonnés, on doit *ouiller*, tous les huit jours par le soupirail, pendant vingt cinq jours ; après cela, de quinze jours en quinze jours, pendant un ou deux mois ; ensuite tous les deux mois, aussi long-tems que le vin reste dans la cave. Lorsque les vins n'ont pas assez de corps, et sont trop verts, ce qui arrive dans les années humides et froides, ou lorsqu'ils ont trop de liqueur, ce qui arrive dans les années trop chaudes et sèches, 25 jours après qu'ils ont été faits, on roule les tonneaux cinq ou six tours pour bien mêler la lie ; on répète cette manœuvre tous les huit jours pendant un mois ; le vin s'améliore par ce moyen.

La fermentation des vins de Champagne qu'on destine à être mousseux est très-longue ; on croit qu'ils peuvent mousser constamment, pourvu qu'on les mette en bouteilles, depuis la vendange jusqu'en mai (prairial), et que, plus on est près de la vendange, mieux ils moussent. On assure encore qu'ils moussent toujours si on les met en bouteilles depuis le 10 jusqu'au 14 mars. Le vin ne commence à mousser que six semaines après qu'il à été mis en bouteilles. Le vin de la montagne mousse mieux que celui de la rivière. Lorsqu'on met le vin en flacons, en juin et juillet (messidor et thermidor), il mousse peu ; et pas du tout, si c'est en octobre et novembre (brumaire et frimaire), après la récolte.

En Bourgogne, dès que la fermentation s'est ralentie dans le tonneau, on le bouche, et on perce un petit trou, près du bondon, qu'on ferme avec une cheville de bois qu'on appelle *fausset*. On le débouche de tems en tems pour laisser évaporer le reste du gaz.

Dans les environs de Bordeaux, on commence à ouiller, huit à dix jours après avoir déposé les vins dans les tonneaux. Un mois après, on les bonde et on ouille tous les huit jours ; dans le principe, on bonde sans effort, et peu-à-peu on assujettit la bonde, sans courir aucun risque.

On y tire les vins blancs à la fin de frimaire, et on les soufre ; ils demandent plus de soin que les rouges, parce que, contenant plus de lie, ils sont plus disposés à graisser.

On ne tire au clair les vins rouges qu'à la fin de ventôse ou de germinal. Ceux-ci tournent plus aisément à l'aigre que les blancs ; ce qui force de les conserver dans des celliers plus frais pendant les chaleurs.

Il est des particuliers qui, après le second tirage, font tourner les bariques, la bonde de côté, et conservent ainsi le vin hermétiquement fermé, sans avoir besoin de l'ouiller, attendu qu'il n'y a pas déperdition. Ils ne tirent alors le vin au clair que tous les ans, à la même époque, jusqu'à ce qu'ils trouvent avantageux de le boire. Par-tout les procédés usités sont à-peu-près les mêmes ; et nous nous garderons bien de multiplier des détails qui ne seroient que des répétitions.

Lorsque la fermentation s'est appaisée, et que la masse du liquide jouit d'un repos absolu, le vin est fait. Mais il acquiert de nouvelles qualités par la clarification : on le préserve par cette opération du danger de *tourner*.

Cette clarification s'opère d'elle-même par le tems et le repos : il se forme peu-à-peu un dépôt dans le fond du tonneau et sur les parois, qui dépouille le vin de tout ce qui n'y est pas dans une dissolution absolue, ou de ce qui y est en excès. C'est ce dépôt qu'on appelle *lie, fèce*, mélange confus de tartre, de principes très-analogues à la fibre, et de matière colorante.

Mais ces matières, quoique déposées dans le tonneau et précipitées du vin, sont susceptibles de s'y mêler encore par l'agitation, le changement de température, etc. : et alors, outre qu'elles nuisent à la qualité du vin qu'elles rendent trouble, elles peuvent lui imprimer un mouvement de fermentation qui le fait dégénérer en yinaigre.

C'est pour obvier à cet inconvénient qu'on transvase le vin à diverses époques ; qu'on en sépare avec soin toute la lie qui s'est précipitée, et qu'on dégage même de son soin, par des procédés simples que nous allons décrire, tout ce qui peut y être dans un état de dissolution incomplète. À l'aide de ces opérations on le purge, on le purifie, on le prive de toutes les matières qui pourroient déterminer l'acidification.

Nous pouvons réduire au soufrage et à la clarification tout ce qui tient à l'art de conserver les vins.

SOUFRAGE DES VINS.

1°. Soufrer ou muter les vins, c'est les imprégner d'une vapeur sulfureuse qu'on obtient par la combustion des mèches soufrées.

La manière de composer les mèches soufrées varie sensiblement dans les divers ateliers : les uns mêlent avec le soufre des aromates, tels que les poudres de girofle, de canelle, de gingembre, d'iris de Florence, de fleurs de thym, de lavande, de marjolaine, etc. et fondent ce mélange dans une terrine sur un feu modéré. C'est dans ce mélange fondu qu'on plonge des bandes de toile et de coton, pour les brûler dans le tonneau. D'autres n'emploient que le soufre, qu'ils fondent au feu et dont ils imprègnent des lanières semblables.

La manière de soufrer les tonneaux nous offre les mêmes variétés : on se borne quelquefois à suspendre une mèche soufrée au bout d'un fil-de-fer ; on l'enflamme, et on la plonge dans le tonneau qu'on veut remplir ; on bouche et on laisse brûler ; l'air intérieur se dilate et est chassé avec sifflement par le gaz sulfureux ; ou en brûle deux, trois, plus ou moins, selon l'idée ou le besoin. Lorsque la combustion est terminée, les parois du tonneau sont à peine acides ; alors on y verse du vin. Dans d'autres pays on prend un bon tonneau, on y verse deux à trois sceaux de vin, on y brûle une mèche soufrée, on bouche le tonneau après la combustion, et l'on agite en tous sens. On laisse reposer une ou deux heures : on débouche, on ajoute du vin, on *mute*, et on réitère l'opération jusqu'à ce que le tonneau soit plein ; ce procédé est usité à Bordeaux.

On fait à Marseillan, près la commune de Cette en Languedoc, avec du raisin blanc, un vin qu'on appelle *Muet*, et qui sert à soufrer les autres.

On presse et foule la vendange, et on la coule de suite sans lui donner le tems de fermenter ; on la met dans des tonneaux qu'on remplit au quart ; on brûle plusieurs mèches dessus, on ferme le bouchon, et on agite fortement le tonneau jusqu'à ce qu'il ne s'échappe plus de gaz par le bondon lorsqu'on l'ouvre. On met alors une nouvelle quantité de vin, on y brûle dessus, et on agite avec les mêmes précautions ; on y réitère cette manœuvre jusqu'à ce que le tonneau soit plein. Ce vin ne fermente jamais, et c'est par cette raison qu'on l'appelle *vin muet*. Il a une saveur douceâtre, une forte odeur de soufre, et il est employé à être mêlé avec l'autre vin blanc : on en met deux ou trois bouteilles par tonneau : ce mélange équivaut au soufrage.

Le soufrage rend d'abord le vin trouble et sa couleur vilaine ; mais la couleur se rétablit en peu de tems, et le vin s'éclaircit. Cette opération décolore un peu le vin rouge. Le soufrage a le très-précieux avantage de prévenir la dégénération acéteuse. Quoique l'explication de cet effet soit difficile, il me paroît qu'on ne peut le concevoir qu'en le considérant sous deux points de vue.

1°. À l'aide du gaz sulfureux on déplace l'air atmosphérique, qui sans cela se mêleroit avec le vin et en détermineroit la fermentation acide.

2°. On produit quelques atomes d'un acide violent qui suffoque, maîtrise et s'oppose au développement d'un acide plus foible.

Les anciens composoient un mastic avec de la poix, un cinquantième de cire, un peu de sel, et de l'encens, qu'ils brûloient dans les tonneaux. Cette opération étoit désignée par les mots, *picare dolia*. Et les vins ainsi préparés étoient connus sous les noms de *Vina picata*. *Plutarque* et *Hippocrate* parlent de ces vins.

C'est peut-être d'après cet usage que les anciens avoient consacré le sapin à *Bacchus*. On donne encore aujourd'hui au vin rouge affoibli un parfum agréable en le faisant séjourner sur une couche de copeaux de bois de sapin. *Baccius* prétend qu'il faut résiner les tonneaux, *picare vasa*, au moment de la canicule.

CLARIFICATION DES VINS.

2°. Outre l'opération du soufrage des vins, il en est une tout aussi essentielle qu'on appelle *clarification*. Elle consiste d'abord à tirer le vin de dessus la lie, ce qui demande des précautions dont nous nous occuperons dans le moment, et à le dégager ensuite de tous les principes suspendus ou foiblement dissous, pour ne lui conserver que les seuls principes spiritueux et incorruptibles. Ces opérations s'exécutent même avant le soufrage, qui n'en est qu'une suite.

La première de ces opérations s'appelle *soutirer, transvaser, déféquer* le vin. *Aristote* conseille de répéter souvent cette manipulation, *quoniam superveniente œstatis calore solent fœces subverti, ac ità vina acescere*.

Dans les divers pays de vignobles on a des tems marqués dans l'année pour soutirer les vins ; ces usages sont sans doute établis sur l'observation constante et respectable des siècles. À l'Hermitage on soutire en mars et septembre (fructidor et ventôse) ; en Champagne, le 13 octobre (24 vendémiaire), vers le 15 février (27 pluviôse), et vers la fin fin de mars (10 germinal).

On choisit toujours un tems sec et froid pour exécuter cette opération. Il est de fait que ce n'est qu'alors que le vin est bien disposé. Les tems humides, les vents du sud le rendent trouble, et il faut se garder de soutirer quand ils régnent.

Baccius nous a laissé d'excellens préceptes sur les tems les plus favorables pour transvaser les vins. Il conseille de soutirer les vins foibles, c'est-à-dire ceux qui proviennent de terreins gras et couverts, au solstice d'hiver ; les vins médiocres, au printems ; et les plus généreux, pendant l'été. Il donne comme précepte général, de ne jamais transvaser que lorsque le vent du nord souffle ; il ajoute que le vin soutiré en pleine lune se convertit en vinaigre.

La manière de soutirer les vins ne pourra paroître indifférente qu'à ceux qui ne savent pas quel est l'effet de l'air atmosphérique sur ce liquide ; en ouvrant la canelle, ou plaçant un robinet à quatre doigts du fond du tonneau, le vin qui s'écoule s'aère, et détermine des mouvemens dans la lie ; de sorte que, sous ce double rapport, le vin acquiert de la disposition à s'aigrir. On a obvié à une partie de ces inconvéniens en soutirant le vin à l'aide d'un siphon ; le mouvement en est plus doux, et on pénètre par ce moyen à la profondeur qu'on veut, sans jamais agiter la lie. Mais toutes ces méthodes présentent des vices auxquels on a parfaitement remédié à l'aide d'une pompe dont l'usage s'est établi en Champagne et dans d'autres pays de vignobles.

On a un tuyau de cuir en forme de boyau long d'un à deux mètres (quatre à six pieds), d'environ deux pouces de diamètre. On adapte aux extrémités des tuyaux de bois longs d'environ trois décimètres (neuf à dix pouces), qui vont en diminuant de diamètre vers la pointe ; on les assujettit fortement au cuir à l'aide de gros fil ; on ôte le tampon de la futaille qu'on veut remplir, et l'on y enchâsse solidement une des extrémités du tuyau ; on place un bon robinet à deux ou trois pouces (un décimètre) du fond de la futaille qu'on veut vider, et on y adapte l'autre extrémité du tuyau.

Par ce seul mécanisme la moitié du tonneau se vide dans l'autre ; il suffit pour cela d'ouvrir le robinet : et on y fait passer le restant par un procédé simple. On a des soufflets d'environ deux pieds de longs (deux tiers de mètre), compris le manche, et dix pouces de largeur (trois décimètres). Le soufflet pousse l'air par un trou placé à la partie antérieure du petit bout ; une petite soupape de cuir s'applique contre le petit trou et s'y adapte fortement pour empêcher que l'air n'y reflue lorsqu'on ouvre le soufflet ; c'est encore à cette extrémité du soufflet qu'on adapte un tuyau de bois perpendiculaire pour conduire l'air en bas ; on adapte ce tuyau au bondon, de manière que, lorsqu'on souffle et pousse l'air, on exerce une pression sur le vin qui l'oblige à sortir d'un tonneau pour monter dans l'autre. Lorsqu'on entend un sifflement à la canelle, on la ferme promptement : c'est une preuve que tout le vin a passé.

On emploie aussi des entonnoirs de fer-blanc dont le bec à au moins un pied et demi de long (demi-mètre), pour qu'il plonge dans le liquide et n'y cause aucune agitation.

Le soutirage du vin sépare bien une partie des impuretés, et éloigne par conséquent quelques unes des causes qui peuvent en altérer la qualité ; mais il en reste encore de suspendues dans ce fluide, dont on ne peut s'emparer que par les opérations suivantes, qu'on appelle *collage* des vins ou *clarification*. C'est presque toujours la colle de poisson qui sert à cet usage, et on l'emploie comme il suit : on la déroule avec soin, on la coupe par petits morceaux, on la fait tremper dans un peu de vin ; elle se gonfle, se ramollit, forme une masse gluante qu'on verse sur le vin. On se contente alors de l'agiter fortement, après quoi on laisse reposer. Il est des personnes qui fouettent le vin dans lequel on a dissous la colle, avec quelques brins de tiges de balai, et forment une écume considérable qu'on enlève avec soin. Dans tous les cas, une portion de la colle se précipite avec les principes qu'elle a enveloppés, et on soutire la liqueur dès que ce dépôt est formé.

Dans les climats chauds, on craint l'usage de la colle, et pendant l'été on y supplée par des blancs d'œufs : dix à douze suffisent pour un demi-muid. On commence par les fouetter avec un peu de vin, on les mêle ensuite avec la liqueur qu'on veut clarifier, et on fouette avec le même soin. Il est possible de substituer la gomme arabique à la colle. Deux onces (six à sept décagrammes) suffisent pour quatre cents pots de vin. On la verse sur le liquide en poudre fine, et on agite.

Il faut ne transvaser les vins que lorsqu'ils sont bien faits. Si le vin est vert et dur, il faut lui laisser passer sur la lie la seconde fermentation, et ne le soutirer que vers le milieu de mai (25 floréal). On pourra même le laisser jusque vers la fin de juin (10 messidor), s'il continue à être vert. Il arrive même quelquefois qu'on est forcé de repasser des vins sur la lie et de les mêler fortement avec elle pour leur redonner un mouvement de fermentation qui doit les perfectionner.

Lorsque les vins d'Espagne sont troublés par la lie, *Miller* nous apprend qu'on les clarifie par le procédé suivant :

On prend des blancs d'œufs, du sel gris et de l'eau salée ; on met tout cela dans un vase commode ; on enlève l'écume qui se forme à la surface, et l'on verse cette composition dans un tonneau de vin dont on a tiré une partie. Au bout de deux à trois jours, la liqueur s'éclaircit, et devient agréable au goût ; on laisse reposer pendant huit jours, et on soutire.

Pour remettre un vin clairet, gâté par une lie violente, on prend deux livres (un kilogramme) de cailloux calcinés et broyés, dix à douze blancs d'œufs, une bonne poignée de sel ; on bat le tout avec huit pintes de vin (environ sept litres), qu'on verse ensuite dans le tonneau : deux ou trois jours après on soutire.

Ces compositions varient à l'infini : quelquefois on y fait entrer l'amidon, le riz, le lait, et autres substances plus ou moins capables d'envelopper les principes qui troublent le vin.

On clarifie encore les vins et on corrige souvent un mauvais goût, en les faisant digérer sur des copeaux de hêtre, précédemment écorcés, bouillis dans l'eau, et séchés au soleil ou dans un four. Un quart de boisseau de ces copeaux suffit pour un muid de vin. Ils produisent dans la liqueur un léger mouvement de fermentation qui l'éclaircit dans les vingt-quatre heures.

L'art de couper les vins, de les corriger l'un par l'autre, de donner du corps à ceux qui sont foibles, de la couleur à ceux qui en manquent, un parfum agréable à ceux qui n'en ont aucun ou qui en ont un mauvais, ne saurait être décrit. C'est toujours le goût, l'œil et l'odorat qu'il faut consulter. C'est la nature très-variable des substances qu'on doit employer, qu'il faut étudier ; et il nous suffira d'observer que dans toute cette partie de la science de manipuler les vins, tout se réduit, 1°. à adoucir et sucrer les vins par l'addition du moût cuit et rapproché, du miel, du sucre, ou d'un autre vin très liquoreux ; 2°. à colorer le vin par l'infusion des pains de tournesol, le suc des baies de sureau, le bois de Campêche, le mélange d'un vin noir et généralement grossier ; 3°. à parfumer le vin par le sirop de framboise, l'infusion des fleurs de la vigne qu'on suspend dans le tonneau enfermées dans un nouet, ainsi que cela se pratique en Égypte, d'après le rapport d'*Asselquist*.

On fabrique encore dans l'Orléanois et ailleurs, des vins qu'on appelle *vins râpés*, et qu'on fait ou avec des raisins égrappés qu'on foule avec du vin, ou en chargeant le pressoir d'un lit de sarmens et d'un lit de raisins alternativement, ou en faisant infuser des sarmens dans le vin. On les laisse fortement bouillir, et on se sert de ces vins pour donner de la force et de la couleur aux petits vins décolorés des pays froids et humides.

Quoique les vins puissent travailler en tout tems, il est néanmoins des époques dans l'année auxquelles la fermentation paroît se renouveler d'une manière spéciale ; et c'est sur-tout lorsque la vigne commence à pousser, lorsqu'elle est en fleur, et lorsque le raisin se colore. C'est dans ces momens critiques qu'il faut surveiller les vins d'une manière particulière ; et l'on pourra prévenir tout mouvement de fermentation en les soutirant et les soufrant, ainsi que nous l'avons indiqué.

Lorsque les vins sont complètement clarifiés, on les conserve dans des tonneaux ou dans du verre. Les vases les plus amples et les mieux fermés sont les meilleurs. Tout le monde a entendu parler de l'énorme capacité du foudre d'*Heidelberg*, dans lequel le vin se conserve des siècles entiers sans cesser de s'améliorer ; et il est reconnu que le vin se fait mieux dans les futailles très-volumineuses que dans les petites.

Le choix du local dans lequel les vases contenant les vins doivent être déposés n'est pas indifférent : nous trouvons à ce sujet, chez les anciens, des usages et des préceptes qui s'écartent pour la plupart de nos méthodes ordinaires, mais dont quelques-uns méritent notre attention. Les Romains soutiraient le vin des tonneaux pour l'enfermer dans de grands vases de terre vernissés en dedans, c'est ce qu'ils appeloient *diffusio vinorum*. Il paroît qu'ils avoient deux sortes de vaisseaux pour contenir les vins, qu'ils appeloient *amphore* et *cade*. L'*amphore*, de forme quarrée ou cubique, avoit deux anses, et contenoit quatre-vingts pintes de liqueur. Ce vaisseau se terminoit par un col étroit qu'on bouchoit avec de la poix et du plâtre pour empêcher le vin de s'éventer. C'est ce que *Pétrone* nous apprend par ces mots : *Amphoræ vitreæ diligenter gypsatæ allatæ sunt, quorum in cervicibus pittacia erant affixa cum hoc titulo : FALERNUM OPIMIANUM ANNORUM CENTUM.*

Le *cade* avoit la figure d'une pomme de pin ; il contenoit moitié plus que l'amphore.

On exposoit les vins les plus généreux en plein air dans ces vases bien bouchés ; les plus foibles étoient sagement mis à couvert *Fortius : vinum sub dio locandum, tenuia verò sub tecto reponenda, cavendaque à commotione ac strepitu viarum* (*BACCIUS*). *Galien* nous observe que tout le vin étoit mis en bouteilles ; qu'après cela on l'exposoit à une forte chaleur dans des chambres closes, et qu'on le mettoit au soleil pendant l'été sur les toits des maisons, pour le mûrir plutôt et le disposer à la boisson : *Omne vinum in lagenas transfundi, posteà in clausa cubicula multâ subjectâ flammâ reponi, et in tecta œdium œstate insolari, unde citiùs maturescant ac potui idonea evadant.*

Pour qu'un vin se conserve et s'améliore, il faut le déposer dans des vases et dans des lieux dont le choix n'est pas indifférent à déterminer. Les vases de verre sont les plus favorables, parce qu'outre qu'ils représentent aucun principe soluble dans le vin, ils le mettent à l'abri du contact de l'air, de l'humidité et des principales variations de l'atmosphère. Il faut avoir l'attention de boucher exactement ces vases avec du liège fin, et de coucher les bouteilles pour que le bouchon ne puisse pas se dessécher et faciliter l'accès de l'air. On peut, pour plus de sûreté, couler de la cire sur le bouchon, l'y appliquer avec un pinceau, ou tremper le goulot dans un mélange fondu de cire, de résine et de poix. Il est des particuliers qui recouvrent le vin d'une couche d'huile : ce procédé est recommandé par *Baccius*. On recouvre ensuite le goulot avec des verres renversés, des creusets, des vases de fer-blanc, ou toute autre matière capable d'empêcher que les insectes ou les souris ne se précipitent dans le vin.

Les tonneaux sont les vases les plus employés ; ils sont, pour l'ordinaire, construits avec du bois de chêne. Leur capacité varie beaucoup, et ils reçoivent le nom de *bariques*, *tonneaux* ou *foudres*, selon qu'elle est plus ou moins forte. Le grand inconvénient des tonneaux, c'est non seulement de présenter au vin des substances qui y sont solubles, mais encore de se tourmenter par les variations de l'atmosphère, et de prêter des issues faciles, tant à l'air qui veut s'échapper, qu'à celui qui veut pénétrer.

Les vases de terre vernissés auraient l'avantage de conserver une température plus égale ; mais ils sont plus ou moins poreux, et à la longue le vin doit s'y dessécher. On a trouvé dans les ruines d'*Herculanum* des vaisseaux dans lesquels le vin étoit desséché. *Rozier* parle d'une urne semblable découverte dans une vigne du territoire de Vienne, en Dauphiné, sur le lieu même où étoit bâti le palais de *Pompée*. Les Romains remédiaient à la porosité des vases de terre en passant de la cire au-dedans et de la poix au-dehors ; ils en recouvroient toute la surface avec des linges cirés qu'ils y appliquoient avec soin.

Pline condamne l'usage de la cire, parce que, selon lui, elle faisoit aigrir les vins : *Nam ceram accipientibus vasis, compertum est vina acescere.*

Quelle que soit la nature des vaisseaux destinés à contenir le vin, il faut faire choix d'une cave qui soit à l'abri de tous les accidens qui peuvent la rendre peu propre à cet usage.

1°. L'exposition d'une cave doit être au nord : sa température est alors moins variable que lorsque les ouvertures sont tournées vers le midi.

2°. Elle doit être assez profonde pour que la température y soit constamment la même. *In cellis quæ non satis profundæ sunt diurni caloris participes fiunt ; vina non diù subsistunt integra.* HOFFMANN.

3°. L'humidité doit y être constante sans y être trop forte ; l'excès détermine la moisissure des papiers, bouchons, tonneaux, etc. La sécheresse dessèche les futailles, les tourmente, et fait transsuder le vin.

4°. La lumière doit y être très-modérée : une lumière vive dessèche ; une obscurité presque absolue pourrit.

5°. La cave doit être à l'abri de secousses. Les brusques agitations, ou ces légers trémoussemens déterminés par le passage rapide d'une voiture sur un pavé, remue la lie, la mêlent avec le vin, l'y retiennent en suspension, et provoquent l'acidification. Le tonnerre et tous les mouvemens produits par des secousses déterminent le même effet.

6°. Il faut éloigner d'une cave les bois verts, les vinaigres et toutes les matières qui sont susceptibles de fermentation.

7°. Il faut encore éviter la réverbération du soleil, qui, variant nécessairement la température d'une cave, doit en altérer les propriétés.

D'après cela, une cave doit être creusée à quelques toises sous terre ; ses ouvertures doivent être dirigées vers le nord ; elle sera éloignée des rues, chemins, ateliers, égouts, courans, latrines, bûchers, etc. ; elle sera recouverte par une voûte.

CHAPITRE VII.

Maladies du vin, et moyens de les prévenir ou de les corriger.

IL est des vins qui s'améliorent en vieillissant, et qu'on ne peut regarder comme parfaits que long-tems après qu'on les a fabriqués. Les vins liquoreux sont dans ce cas-là, ainsi que tous les vins très-spiritueux ; mais les vins délicats tournent à l'aigre ou au gras avec une telle facilité, que ce n'est qu'avec les plus grandes précautions qu'on peut les conserver plusieurs années.

Le premier vin de primeur connu en Bourgogne, est celui de Volney, à six kilomètres de Beaune. Ce vin si fin, si délicat, si agréable, ne peut soutenir la cuve que douze, seize ou dix-huit heures, et va à peine d'une vendange à l'autre.

Pomard fournit la deuxième qualité de vin de primeur en Bourgogne : il se soutient mieux que le premier ; mais si on le garde plus d'une année, il devient gras, se gâte, et prend la couleur *pelure d'oignon.*

Il n'est pas de canton dont le vin n'ait une durée fixe et connue ; et l'on sait par-tout que ce terme doit être rapproché ou éloigné selon la saison qui a régné, et les soins qu'on a apportés dans les travaux de la vinification. On n'ignore point que les vins cueillis avec la pluie, ou provenant de terreins gras, ne sont pas de garde.

Les anciens, ainsi que nous l'apprennent *Galien* et *Athénée*, avoient déterminé l'époque de vétusté ou l'âge rigoureux auquel leurs divers vins dévoient être bus. *FALERNUM ab annis decem ut potui idoneum, et à quindeoim usque ad viginti annos ; après ce terme, grave est capiti et nervos offendit. ALBANI verò cùm duœ sint species, hoc dulce, illud acerbum, ambo à decimo quinto anno vigent. SURRENTINUM vigesimo quinto anno incipit esse utile, quia est pingue et vix digeritur, ac veterascens solùm fit potui idoneum. TIBURTINUM leve est, facile vaporat, viget ab annis decem. LUBICANUM pingue et inter Albanum et Falernum putatur usui ab annis decem idoneum. GAURANUM rarum invenitur, at optimum est et robustum. SIGNIMUM, ab annis sex potui utile.*

Les soins qu'on apporte à transvaser et à *muter* les vins contribuent puissamment à leur conservation. Il en est peu qui passassent les mers sans cette précaution. Il importe donc, pour prévenir toutes leurs altérations, de répéter et multiplier ces opérations ; et c'est à cet usage précieux que l'on doit de pouvoir transporter les vins dans tous les climats, et de leur faire éprouver toutes les températures sans crainte de décomposition.

Parmi les maladies auxquelles les vins sont le plus sujets, la *graisse* et l'*acidité* sont à-la-fois les plus fréquentes et les plus dangereuses.

La *graisse* est une altération que contractent souvent les vins : ils perdent leur fluidité naturelle, et filent comme de l'huile. On appelle encore cette dégénération, tourner au *gras*, *graisser*, *filer*, etc.

Les vins les moins spiritueux tournent au *gras.*

Les vins foibles, qui ont très-peu fermenté, sont les plus disposés à cette maladie.

Les vins foibles, faits avec les raisins égrappés, y sont aussi sujets.

Le vin tourne au gras dans les bouteilles les mieux fermées. On n'en est que trop convaincu dans la Champagne, où toute la récolte mise dans le verre contracte quelquefois cette altération.

Les vins gras ne fournissent à la distillation qu'un peu d'eau-de-vie *grasse, colorée, huileuse.*

On corrige ce vice par plusieurs moyens :

1°. En exposant les bouteilles à l'air, et sur-tout dans un grenier bien aéré ;

2°. En agitant la bouteille pendant un quart d'heure, et la débouchant ensuite pour laisser s'échapper le gaz et l'écume ;

3°. En collant les vins avec la colle de poisson et les blancs d'œufs mêlés ensemble ;

4°. En introduisant dans chaque bouteille une ou deux gouttes de jus de citron ou de tout autre acide.

Il est évident, d'après la nature des causes qui détermine la *graisse* des vins, d'après les phénomènes que présente cette maladie, et les moyens qu'on emploie pour la guérir, que cette altération provient du principe extractif qui n'a pas été convenablement décomposé.

Nous voyons un effet semblable dans la bière, dans la décoction de la noix de galle, et dans plusieurs autres cas, où le principe extractif très abondant se précipite de la liqueur qui le tenoit en dissolution, et acquiert les caractères de la fibre, à moins qu'une fermentation ne le brûle, ou qu'un acide ne le précipite.

L'acescence du vin est néanmoins la maladie la plus commune, on peut même dire la plus naturelle, car elle est presque une suite de la fermentation spiritueuse ; mais, connoissant les causes qui la produisent et les phénomènes qui l'accompagnent ou l'annoncent, on peut parvenir à la prévenir.

Les anciens admettoient trois causes principales de l'acidité des vins ; 1°. L'humidité du vin ; 2°. L'inconstance ou les variations de l'air ; 3°. Les commotions.

Pour connoître exactement cette maladie, il faut rappeler quelques principes qui seuls peuvent nous fournir des lumières à ce sujet.

1°. Les vins ne tournent jamais à l'aigre tant que la fermentation spiritueuse n'est pas terminée, ou, en d'autres termes, tant que le principe sucré n'est pas pleinement décomposé. De-là l'avantage de mettre le vin en tonneaux avant que tout le principe sucré ait disparu, parce qu'alors la fermentation spiritueuse se continue et se prolonge long-tems, et écarte tout ce qui pourroit préparer la décomposition acéteuse. De-là l'usage d'ajouter un peu de sucre dans la bouteille pour conserver le vin sans altération. De-là enfin la méthode très-générale de faire cuire une partie du moût à une chaleur lente et modérée, et d'en mêler dans les tonneaux qu'on veut embarquer. Dans quelques endroits d'Italie et d'Espagne, on fait cuire tout le moût ; et *Bellon* dit que les vins de Crète ne passeraient pas la mer si on n'avoit pas la précaution de les faire bouillir.

2°. Les vins les moins spiritueux sont ceux qui aigrissent le plus vite. Nous savons par expérience que, lorsque la saison est pluvieuse, le raisin peu sucré, et l'alkool conséquemment plus abondant, les vins tournent très-aisément. Les petits vins du nord aigrissent avec une extrême facilité, tandis que les gros vins généreux, spiritueux, résistent avec opiniâtreté.

Il n'en est pas moins vrai pour cela que les vins les plus spiritueux fournissent le vinaigre le plus fort, quoique leur acétification soit plus difficile, parce que l'alkool est nécessaire à la formation du vinaigre.

3°. Un vin parfaitement dépouillé de tout principe extractif, ou par le dépôt qui se fait naturellement avec le tems, ou par la clarification, n'est plus susceptible de tourner à l'aigre. J'ai exposé des vins vieux, dans de bouteilles débouchées, à l'ardeur du soleil des mois de juillet et août (thermidor et fructidor), pendant plus de quarante jours, sans que le vin ait perdu de sa qualité ; seulement le principe colorant s'est constamment précipité sous la forme d'une membrane qui tapissoit le fond de la bouteille. Ce même vin, dans lequel j'ai fait infuser des feuilles de vigne, a aigri en quelques jours. On sait que les vins vieux, bien dépouillés, tournent plus à l'aigre.

4°. Le vin ne s'acidifie ou ne s'aigrit que lorsqu'il a le contact de l'air : l'air atmosphérique mêlé dans le vin est un vrai levain acide. Lorsque le vin *pousse*, il laisse échapper ou exhaler le gaz qu'il renferme, et alors l'air extérieur se précipite pour prendre sa place. *Rozier* a proposé d'adapter une vessie à un tuyau qui aboutisse dans la capacité du tonneau, pour juger de l'absorption de l'air et du dégagement du gaz. Lorsqu'elle s'emplit, le vin tend à la *pousse* ; si elle se vide, il tourne à l'*aigre*.

Lorsque le vin pousse, le tonneau laisse renverser le vin sur les parois ; et lorsqu'on fait un trou avec une vrille, le vin s'échappe avec sifflement et écume : lorsqu'au contraire le vin tourne à l'aigre, les parois du tonneau, le bouchon et les luts sont secs, et l'air s'y précipite avec effort dès qu'on débouche.

On peut conclure de ce principe que le vin enfermé dans des vases bien clos n'est pas susceptible d'aigrir.

5°. Il est des tems dans l'année où le vin tourne à l'aigre plus aisément : ces époques sont le moment de la sève de la vigne, l'époque de sa floraison, et le tems où le raisin prend une teinte rouge. C'est sur-tout dans ces momens qu'il faut le surveiller pour parer à la dégénération acide.

6°. Le changement dans la température provoque encore l'acescence du vin, sur-tout lorsque la chaleur s'élève à 20 ou 25 degrés : alors la dégénération est rapide et presque inévitable.

Il est aisé de prévenir l'acidité du vin en écartant toutes les causes que nous venons d'assigner à cette altération ; et, lorsqu'elle a commencé, on y remédie encore par des moyens plus ou moins exacts que nous allons assigner.

On dissout du moût cuit, du miel ou de la réglisse, dans le vin où l'acidité se manifeste : par ce moyen on corrige le goût aigre en le masquant par la saveur douceâtre de ces ingrédiens.

On s'empare du peu d'acide qui a pu se former, à l'aide des cendres, des alkalis, de la craie, de la chaux, et même de la litharge. Cette dernière substance, qui forme un sel très-doux avec l'acide acéteux, est d'un emploi très-dangereux. On peut aisément reconnoître cette sophistication criminelle, en vidant de l'hydro-sulfure de potasse (foie de soufre) dans le vin ; il s'y forme de suite un précipité abondant et noir. On peut encore faire passer du gaz hydrogène sulfuré à travers cette liqueur altérée ; il s'y produira pareillement un précipité noirâtre qui n'est qu'un sulfure de plomb.

Les écrits des œnologues fourmillent de recettes plus ou moins bonnes pour corriger l'acidité des vins.

Bidet prétend qu'un cinquantième de lait écrémé ajouté à du vin aigri le rétablit, et qu'on peut le transvaser en cinq joues.

D'autres prennent quatre onces (six à sept décagrammes) de blé de la meilleure qualité, le font bouillir dans l'eau jusqu'à ce qu'il crève ; et lorsqu'il est refroidi, on le met dans un petit sac qu'on plonge dans le tonneau, et l'on remue bien avec un bâton.

On conseille encore les semences de poireau, celles de fenouil, etc.

Pour sentir la futilité de la plupart de ces remèdes, il suffit d'observer qu'il est impossible de faire rétrograder la fermentation, qu'on peut tout au plus la suspendre, et alors se saisir de tout l'acide déjà formé, ou en masquer l'existence par des principes doux et sucrés.

Indépendamment de ces altérations, il en est encore d'autres qui, quoique moins communes et moins dangereuses, méritent de nous occuper. Le vin contracte quelquefois ce qu'on appelle généralement *goût de fût*. Cette maladie peut provenir de deux causes : la première a lieu lorsque le vin est enfermé dans un tonneau dont le bois étoit vicié, vermoulu, pourri. La deuxième survient toutes les fois qu'on laisse sécher de la lie dans des futailles et qu'on y verse ensuite du vin, quoique l'on ait alors la précaution de l'enlever. *Willermoz* a proposé l'eau de chaux, l'acide carbonique, et le gaz acide-muriatique oxygéné, pour corriger le goût de fût qui appartient au tonneau. D'autres conseillent de coller et de soutirer le vin avec soin, et d'y faire infuser du froment grillé, pendant deux ou trois jours.

Un phénomène qui a autant frappé qu'embarrassé les nombreux écrivains qui ont parlé des maladies du vin, c'est ce qu'on appelle les *fleurs du vin*. Elles se forment dans les tonneaux, mais sur-tout, dans les bouteilles dont elles occupent le goulot ; elles annoncent et précèdent constamment la dégénération acide du vin. Elles se manifestent dans presque toutes les liqueurs fermentées, et toujours plus ou moins abondamment, selon la quantité d'extractif qui existe dans la liqueur. Je les ai vues se former en si grande abondance dans un mélange fermenté de mélasse et de levûre de bière, qu'elles se précipitoient par pellicules ou couches nombreuses et successives dans la liqueur. J'en ai obtenu, de cette manière, une vingtaine de couches.

Ces fleurs, que j'avois prises d'abord pour un précipité de tartre, ne sont plus à mes yeux qu'une végétation, un vrai *byssus*, qui appartient à cette substance fermentée. Il se réduit à presque rien par l'exsiccation, et n'offre à l'analyse qu'un peu d'hydrogène et beaucoup de carbone.

Tous ces rudimens ou ébauches de végétation, qui se développent dans tous les cas où une matière organique se dépose, ne me paroissent pas devoir être assimilés à des plantes parfaites ; ils ne sont pas susceptibles de reproduction, et ce n'est qu'une excroissance ou un arrangement symétrique des molécules de la matière, qui paroît plutôt dirigée par les simples lois des affinités que par celles de la vie. De semblables phénomènes s'observent dans toutes les décompositions des êtres organiques.

On a vu, en 1791 et 1792, tout le produit d'une vendange altéré dans les premiers tems par une odeur acre, nauséabonde, qui disparut à la suite d'une fermentation très-prolongée. Cet effet étoit dû à une énorme quantité de punaises de bois qui s'étoient jetées sur les raisins, et qu'on avoit écrasées dans le foulage.

CHAPITRE VIII.

Usages et vertus du vin.

LE vin est devenu la boisson la plus ordinaire de l'homme, et elle en est en même tems la plus variée. Sous tous les climats, l'on connoît le vin ; et l'attrait pour cette liqueur est si puissant, qu'on voit enfreindre chaque jour la loi de prohibition que Mahomet en a faite à ses sectateurs.

Outre que cette liqueur est tonique, fortifiante, elle est encore plus ou moins nutritive : sous tous ces rapports, elle ne peut qu'être salutaire. Les anciens lui attribuoient la faculté de fortifier l'entendement. *Platon, Eschyle* et *Salomon* s'accordent à lui reconnoître cette vertu. Mais nul écrivain n'a mieux fait connoître les justes propriétés du vin, que le célèbre *Galien*, qui a assigné à chaque sorte les usages qui lui sont propres, et la différence qu'y apportent l'âge, le climat, etc…

Les excès du vin ont excité de tout tems la censure des législateurs. L'usage chez les Grecs, étoit de prévenir l'ivresse en se frottant les tempes et le front avec des onguens précieux et toniques. Tout le monde connoît le trait fameux de ce législateur qui, pour réprimer l'intempérance du peuple, l'autorisa par une loi expresse ; et l'on sait que *Lycurgue* offroit l'ivresse en spectacle à la jeunesse de Lacédémone, pour lui en inspirer l'horreur. Une loi de Carthage prohiboit l'usage du vin pendant la guerre. *Platon* l'interdit aux jeunes gens au dessous de vingt-deux ans ; *Aristote*, aux enfans et aux nourrices ; et *Palmarius* nous apprend que les lois de Rome ne permettoient aux prêtres ou sacrificateurs que trois petits verres de vin par repas.

Malgré la sagesse des lois, et sur-tout malgré le tableau hideux de l'intempérance et ses suites toujours funestes, l'attrait pour le vin devient si puissant chez quelques hommes, qu'il dégénère en passion et en besoin. Nous voyons, chaque jour, des hommes, d'ailleurs très-sages, contracter peu-à-peu l'habitude immodérée de cette boisson, et éteindre dans le vin leurs facultés morales et leurs forces physiques.

Narratur et prisci Catonis
Sæpè mero incaluisse virtus. L'histoire nous a conservé le trait de *Venceslas,* roi de Bohême et des Romains, qui, étant venu en France pour y négocier un traité avec *Charles VI* se rendit à Reims, au mois de mai 1397 ; il s'enivroit chaque jour avec le vin de ce pays, et préféra consentir à tout, plutôt que de ne pas se livrer à ces excès. (*Observations sur l'agriculture, tom.* II, *pag.* 191.)

La vertu du vin diffère par rapport à l'âge ou vétusté. Le vin récent est flatueux, indigeste et purgatif : *Mustum flatuosum et concoctu difficile. Unum in se bonum continet, quòd alvum emolliat. Vinum rarum infrigidat.* — *Mustum crassi succi est et frigidi.*

Les anciens confondoient ces mots, *mustum,* et *novum vinum. Ovide* nous dit : *qui nova musta bibant. Undè virgo musta dicta est pro intacta et novella.*

Il n'y a que les vins légers qu'on puisse boire avant qu'ils aient vieilli. Nous en avons donné la raison dans les chapitres précédans. Les Romains, ainsi que nous l'avons observé, pratiquoient cet usage, et ils buvoient de suite *vinum Gauranum et Albanum, et quæ in Sabinis et in Tuscis nascuntur, et Amineum quod circa Neapolim vicinis collibus gignitur.*

Les vins nouveaux sont très-peu nourissans, sur-tout ceux qui sont aqueux et point sucrés :

corpori alimentum subgerunt paucissimum, a dit GALIEN.

Ces mêmes vins déterminent aisément l'ivresse, ce qui tient à la quantité d'acide carbonique dont ils sont chargés. Cet acide, en se dégageant de cette boisson par la température de l'estomac, éteint l'irritabilité des organes, et jette dans la stupeur.

Les vins vieux sont en général toniques et très-sains ; ils conviennent aux estomacs débiles, aux vieillards, et dans tous les cas où il faut donner de la force. Ils nourrissent peu, parce qu'ils sont dépouillés de leurs principes vraiment nutritifs, et ne contiennent presque pas d'autres principes que de l'alkool.

C'est de ce vin que parle le poëte, lorsqu'il dit :
Generosum et lene require,
Quod curas abigat, quod cum spe divite manet
In venas animunque meum, quod verba ministret,
Quod me, Lucane, juvenem commendet amicce. Les vins gras et épais sont les plus nutritifs :
Pinguia sanguinem augent et nutriunt. GALIEN. Le même auteur recommande les vins de Thérée et de Scibellie, comme très-nourrissons : *quod crassum utrumque, nigrum, et dulce.*

Les vins diffèrent encore essentiellement par rapport à la couleur : le rouge est en général plus spiritueux, plus léger, plus digestif : le blanc fournit moins d'alkool ; il est plus diurétique et plus foible ; comme il a moins cuvé, il est presque toujours plus gras, plus nutritif, plus gaseux que le rouge.

Pline admet quatre nuances dans la couleur des vins, *album, fulvum, sanguineum, nigrum,* mais il seroit aussi minutieux, qu'inutile de multiplier les nuances, qui pourroient devenir infinies en les étendant depuis le noir jusqu'au blanc.

Le climat, la culture, la variété dans ses procédés de fermentation, apportent encore des différences infinies dans les qualités et vertus du vin. Nous renverrons à ce que nous en avons déjà dit dans le premier chapitre de cet ouvrage, pour éviter des répétitions fatigantes.

L'art de tempérer le vin par l'addition d'une partie d'eau étoit pratiqué chez les anciens : c'est ce qu'ils appeloient *vinum delutum. Pline*, d'après *Homère*, parle d'un vin qui supportoit vingt parties d'eau. Le même historien nous apprend que, de son tems, on connoissoit des vins tellement spiritueux, qu'on ne pouvoit pas les boire, *nisi pervincerentur aquâ, et attenuarentur aquâ calidâ.*

Les anciens, qui avoient sur la fabrication et la conservation des vins des idées saines et exactes, paroissent avoir ignoré l'art d'en extraire l'eau-de-vie ; et c'est à *Arnauld de Villeneuve,* professeur de médecine à Montpellier, qu'on rapporte les premières notions exactes qu'on a eues de la distillation des vins.

La distillation des vins a donné une nouvelle valeur à cette production territoriale. Non seulement elle a fourni une nouvelle boisson plus forte et incorruptible ; mais elle a fait connoître aux arts le véritable dissolvant des résines et des principes aromatiques, en même tems qu'un moyen aussi simple que sûr de conserver et de préserver de toute décomposition putride, les substances animales et végétales. C'est sur ces propriétés remarquables que se sont établis successivement l'art du *vernisseur*, celui du *parfumeur*, celui du *liquoriste* et autres fondés sur les mêmes bases.

CHAPITRE IX.

Analyse du vin.

NOUS avons déjà suivi l'analyse du vin dans les tonneaux, puisque nous avons vu qu'il s'en précipitoit successivement du tartre, de la lie et du principe colorant ; de manière qu'il n'y reste presque plus que de l'alkool et un peu d'extractif dissous dans une portion d'eau plus ou moins abondante. Mais cette analyse exacte, qui nous montre séparément les principes du vin, nous éclaire peu sur leur nature ; et nous allons tâcher de suppléer par une méthode plus rigoureuse à ce qu'elle a d'imparfait.

Nous distinguerons dans tous les vins acides, de l'alkool, du tartre, de l'extractif, de l'arome, et un principe colorant ; le tout délayé ou dissous dans une portion d'eau plus ou moins abondante.

1°. L'ACIDE. L'acide existe dans tous les vins : je n'en ai trouvé aucun qui ne m'en ait présenté quelque indice. Les vins les plus doux, les plus liquoreux, rougissent le papier bleu qu'on y laisse séjourner quelque tems ; mais tous ne sont pas acides au même degré. Il est des vins dont le caractère principal est une acidité naturelle : ceux qui proviennent de raisins peu mûris, ou qui naissent dans des climats humides, sont de ce genre ; tandis que ceux qui sont produits de la fermentation de raisins bien mûrs et sucrés offrent très-peu d'acide. L'acide paroît donc être en raison inverse du principe sucré, et conséquemment de l'alkool, qui est le résultat de la décomposition du sucre.

Cet acide existe abondamment dans le verjus, et se trouve dans le moût, quoiqu'en plus petite quantité. Toutes les liqueurs fermentées, telles que le cidre, le poiré, la bière, ainsi que les farines fermentées, contiennent également cet acide, et je l'ai rencontré jusque dans la mélasse : c'est même pour le saturer complètement qu'on emploie la chaux, les cendres, ou d'autres bases terreuses ou alcalines, dans la purification du sucre. Sans cela, l'existence de cet acide s'oppose à la cristallisation de ce sel.

Si l'on rapproche le vin par la distillation, l'extrait qui en résulte est en général d'une saveur aigre et piquante. Il suffit de passer de l'eau sur cet extrait, ou même, de l'alkool, pour dissoudre et enlever l'acide. Cet ; acide a une saveur piquante, une odeur légèrement empyreumatique, un arrière-goût acerbe, etc.

Cet acide bien filtré, abandonné dans un flacon, laisse précipiter une quantité considérable d'extractif. Il se recouvre ensuite de moisissure, et paroît se rapprocher alors de l'acide acéteux. On le purifie, par la distillation, d'une grande quantité d'extractif, et il est pour lors moins sujet à se décomposer par la putréfaction.

Cet acide précipite l'acide carbonique de ses combinaisons. Il dissout avec facilité la plupart des oxydes métalliques, forme des sels insolubles avec le plomb, l'argent, le mercure, et enlève les métaux à toutes leurs dissolutions par des acides.

Cet acide forme pareillement un sel insoluble avec la chaux. Il suffit de mêler abondamment l'eau de chaux au vin, pour en précipiter l'acide qui entraîne avec lui tout le principe colorant.

Cet acide est donc de la nature de l'acide malique. Il est toujours mêlé d'un peu d'acide citrique, car quand on le fait digérer sur l'oxyde de plomb, outre le précipité insoluble qui se forme, il se produit un citrate qu'on peut y démontrer par les moyens connus.

Cet acide malique disparoît par l'acidification du vin : il n'existe plus dans le vinaigre bien fait que de l'acide acéteux. Cette transformation de l'acide malique en acide acéteux explique naturellement pourquoi le vin qui commence à aigrir ne peut pas servir à la fabrication de l'acétite de plomb ; il se fait dans ce cas un précipité insoluble dont la formation m'a singulièrement embarrassé jusqu'au moment où j'en ai connu la raison. Pendant long-tems le citoyen *Berard* mon ami, et associé dans ma fabrique de produits chimiques, a ajouté de l'acide nitrique au vin aigri, pour lui donner la propriété de former avec le plomb un sel soluble ; je pensois alors qu'on oxygénait par ce moyen l'acide du vin, tandis que l'on ne faisoit que hâter la décomposition et la transformation de l'acide malique en vinaigre.

L'existence, à diverses proportions, de l'acide malique dans le vin nous sert encore à concevoir un phénomène de la plus haute importance, relatif à la distillation des vins et à la nature des eaux-de-vie qui en proviennent. Tout le monde sait que non seulement tous les vins ne donnent pas la même quantité d'eau-de-vie, mais que les eaux-de-vie qui en proviennent ne sont pas, à beaucoup près, de la même qualité. Personne n'ignore encore, que la bière, le cidre, le poiré, les farines fermentées, donnent peu d'eau-de-vie, et toujours de mauvaise qualité. Les distillations soignées et répétées peuvent, à la vérité, corriger ces vices jusqu'à un certain point, mais jamais les détruire complètement. Ces résultats constants d'une longue expérience ont été rapportés à la plus grande quantité d'extractif contenu dans ces foibles liqueurs spiritueuses : la combustion d'une partie de ce principe par la distillation a paru devoir en être un effet immédiat ; et le goût acre et empyreumatique, une suite très-naturelle. Mais lorsque j'ai examiné de plus près ce phénomène, j'ai senti, qu'outre les causes dépendantes de l'abondance de ce principe extractif, il falloit en reconnaître une autre, la présence de l'acide malique dans presque tous ces cas. En effet, ayant distillé avec beaucoup de soin ces diverses liqueurs spiritueuses, j'ai constamment obtenu des eaux-de-vie acidulés dont le goût étoit altéré par celui qui appartient essentiellement à l'acide malique : ce n'est qu'en se bornant à retirer la liqueur la plus volatile qu'on parvient à séparer un peu d'alkool libre de toute altération ; encore conserve-t-il une odeur désagréable qui n'appartient point à l'eau-de-vie pure.

Les vins qui contiennent le plus d'acide malique fournissent les plus mauvaises qualités d'eau-de-vie. Il paroît même que la quantité d'alkool est d'autant moindre que celle de l'acide est plus considérable. Si, par le moyen de l'eau de chaux, de la chaux, de la craie, ou d'un alkali fixe, on s'empare de cet acide, on ne pourra retirer que très-peu d'alkool par la distillation ; et, dans tous ces cas, l'eau-de-vie prend un goût de feu désagréable, ce qui ne contribue pas à en améliorer la qualité.

La différence des eaux-de-vie provenant de la distillation des divers vins, dépend donc principalement de la différente proportion dans laquelle l'acide malique est contenu dans ces vins ; et l'on n'a pas encore un moyen sûr de détruire le mauvais effet que produit cet acide par son mélange avec les eaux-de-vie.

Cet acide que nous trouvons dans le raisin à tous les périodes de son accroissement, et qui ne disparoît dans le vin que du moment qu'il a dégénéré complètement en vinaigre, mériteroit de préférence la dénomination d'*acide vineux* ; néanmoins, pour ne pas innover, nous lui conserverons celle d'*acide malique*.

2°. L'ALKOOL. L'alkool fait le vrai caractère du vin. Il est le produit de la décomposition du sucre ; et sa quantité est toujours en proportion de celle du sucre qui a été décomposé[1].

L'alkool est donc plus ou moins abondant dans les vins. Ceux des climats chauds en fournissent beaucoup ; ceux des climats froids n'en donnent presque pas. Les raisins mûrs et sucrés le produisent en abondance, tandis que les vins provenant de raisins verts, aqueux et peu sucrés, en présentent très-peu.

Il est des vins dans le midi qui fournissent un tiers d'eau-de-vie ; il en est plusieurs dans le nord qui n'en contiennent pas un quinzième.

C'est la proportion d'alkool qui rend les vins plus ou moins généreux ; c'est elle qui les dispose à la dégénération acide, ou qui les en préserve. Un vin tourne avec d'autant plus de facilité, qu'il renferme moins d'alkool, la proportion du principe extractif étant supposée la même de part et d'autre.

Plus un vin est riche en esprit, moins il contient d'acide malique ; et c'est la raison pour laquelle les meilleurs vins fournissent en général les meilleures eaux-de-vie ; parce qu'alors elles sont exemptes de la présence de cet acide qui leur donne un goût très désagréable.

C'est par la distillation des vins qu'on en extrait tout l'alkool qu'ils contiennent.

La distillation des vins est connue depuis plusieurs siècles ; mais cette opération s'est successivement perfectionnée ; et, de nos jours, elle a reçu des degrés d'amélioration qui doivent profiter au commerce des eaux-de-vie, et s'appliquer avec avantage à tous les genres de distillation. Les alambics dans lesquels on a distillé pendant long-tems étoient des chaudières surmontées d'un long col cylindrique, étroit et coiffé d'une demi sphère creuse d'où partoit un tuyau peu large pour porter la liqueur dans le serpentin. *Arnauld de Villeneuve* paroît être le premier qui nous ait donné des idées précises sur la distillation des vins, et c'est à lui que nous devons la première description de cette forme d'alambic à très-long col, dont nous retrouvons encore des modèles dans les ateliers de nos parfumeurs.

L'idée où l'on étoit que le produit de la distillation étoit d'autant plus délié, d'autant plus subtil, d'autant plus pur, qu'on l'élevoit plus haut, en le faisant passer à travers des tuyaux plus minces, a dirigé la construction de ces vaisseaux distillatoires. Mais on n'a pas tardé à se convaincre que c'étoient moins les obstacles opposés à l'ascension des vapeurs, que l'art de graduer le feu avec intelligence, qui rendoient le produit d'une distillation plus ou moins pur. On a vu que, dans le premier cas, la force du feu dénature les principes spiritueux en leur communiquant le goût d'empyreume, tandis que, dans le second, ils s'élèvent *vierges* et passent dans le serpentin sans altération. D'un autre côté, l'économie, ce puissant mobile des arts, a fait adopter tous les changemens qu'on a faits au procédé des anciens.

Ainsi, successivement la colonne perpendiculaire à la chaudière a été baissée ; le chapiteau, aggrandi ; la chaudière, évasée ; et l'on est parvenu par degrés à l'adoption générale des formes suivantes :

Les alambics sont aujourd'hui des espèces de chaudrons à cul plat, dont les côtés sont élevés perpendiculairement au fond jusqu'à la hauteur d'environ six décimètres (22 pouces). À cette hauteur on pratique un étranglement qui en réduit l'ouverture à trois ou quatre décimètres (11 à 12 pouces). Cette ouverture est terminée par un col de quelques pouces de long, dans lequel s'adapte un petit couvercle appelé *chapeau, chapiteau*, lequel va en élargissant vers sa partie supérieure, et a la forme d'une cône renversé et tronqué. C'est de l'angle de la base de ce chapeau que part un petit tuyau destiné à recevoir les vapeurs d'eau-de-vie, et à les transmettre dans le serpentin auquel il est adapté. Ce serpentin présente six à sept circonvolutions, et est placé dans un tonneau qu'on a soin de tenir plein d'eau, pour faciliter la condensation des vapeurs : ces vapeurs condensées coulent à filet dans un baquet qui est destiné à les recevoir.

Les chaudières sont, pour l'ordinaire, enchâssées dans la maçonnerie jusqu'à leur étranglement : le cul seul est exposé à l'action immédiate du feu. La cheminée est placée vis-à-vis la porte du foyer ; et le cendrier, peu large, est séparé du foyer par une grille de fer.

On charge les chaudières de vingt-cinq à trente myriagrammes de vin (5 à six quintaux) ; la distillation s'en fait dans huit ou neuf heures, et on brûle à chaque chauffe, ou opération, environ trois myriagrammes de charbon de terre (60 livres).

Tel est le procédé usité en Languedoc depuis bien long-tems : mais, quoiqu'ancien et généralement adopté, il présente des imperfections qui ne peuvent que frapper un homme instruit dans les principes de la distillation.

1°. La forme de la chaudière établit une colonne de liquide très-haute et peu large, qui n'étant frappée par le feu qu'à sa base, est brûlée en cette partie avant que le dessus soit chaud : alors il s'élève des bulles du fond, qui, obligées de traverser une masse de liquide plus froide, sa condensent et se dissolvent de nouveau dans la liqueur. Ce n'est que lorsque toute la masse a été échauffée de proche en proche, que la distillation s'établit.

2°. L'étranglement placé à la partie supérieure de la chaudière, et le bombement qu'elle présente dans cet endroit, nuisent encore à la distillation : en effet, cette calotte, n'étant pas revêtue de maçonnerie, est continuellement frappé par l'air qui y entretient une température plus fraîche que sur les autres points ; de manière que les vapeurs qui s'élèvent se condensent en partie contre la surface intérieure, et retombent en gouttes ou coulent en stries dans le bain, ce qui est en pure perte pour la distillation, il arrive, dans ce cas, ce que nous voyons survenir journellement dans les distillations au bain de sable : les vapeurs qui s'élèvent, venant à frapper contre la surface découverte et toujours plus froide de la cornue, s'y condensent et retombent en stries dans le fond, de manière que la même portion de matière s'élève, retombe et distille plusieurs fois ; ce qui entraîne perte de tems, dépense de combustible, et nuit à la qualité du produit, qui s'altère et se décompose dans quelques cas. On peut rendre ces phénomènes très-sensibles en rafraîchissant la partie supérieure d'une cornue au bain de sable ; au moment où la distillation est en pleine activité : les vapeurs deviennent de suite visibles dans l'intérieur, et il se condense des gouttes contre les parois, qui ne tardent pas à couler et à se rendre dans la liqueur contenue dans la cornue.

En outre, l'étranglement pratiqué à la partie supérieure de la chaudière forme une espèce d'éolipyle où les vapeurs ne peuvent passer qu'avec effort ; ce qui nécessite l'emploi d'une force d'ascension plus considérable. Ce fait a été convenablement développé par *Beaumé*.

3°. Le chapiteau n'est pas construit d'une manière plus avantageuse : la calotte se met presque à la température des vapeurs qui, fortement dilatées, pressent sur le liquide et en gênent l'ascension.

4°. La manière d'administrer le feu n'est pas moins vicieuse que la forme de l'appareil : partout on a un cendrier trop étroit, un foyer très large, une porte mal fermée, etc. ; de manière que le courant d'air s'établit par la porte et se précipite dans la cheminée, en passant par-dessus les charbons. Il faut par conséquent un feu violent pour chauffer médiocrement une chaudière. On engorge la grille d'une couche épaisse et tassée de combustibles, de façon qu'elle devient à-peu-près inutile par le manque absolu d'aspiration.

À présent que nous connoissons les vices de construction dans l'appareil, voyons d'appliquer, pour la perfectionner, les connoissances que nous avons acquises sur la distillation et sur l'art de conduire le feu.

Il me paroît que tout l'art de la distillation se réduit au trois principes suivans :

1°. Chauffer à-la-fois et également tous les points de la masse du liquide.

2°. Écarter tous les obstacles qui peuvent gêner l'ascension des vapeurs.

3°. En opérer la condensation la plus prompte.

Pour remplir la première de ces conditions, il faut d'abord que la masse liquide soit peu profonde ; ce qui exige déjà que le cul de la chaudière présente une très-grande surface, pour que le feu s'applique à beaucoup de parties.

Le fond de la chaudière doit être légèrement bombé en dedans. Cette forme présente deux avantages ; le premier, c'est que, par ce moyen, le combustible se trouve à une égale distance de tous les points, et que la chaleur est égale partout ; le second, c'est que, par cette construction, le fond de la chaudière présente plus de force, et que les matières qui peuvent se déposer dans le fond de la liqueur sont rejetées sur les angles qui reposent sur la maçonnerie, et où, par conséquent, le dépôt est moins dangereux. Lorsque ces dépôts se forment dans les parties soumises immédiatement à l'action directe du feu, ils établissent une croûte qui empêche le liquide de mouiller le point de la chaudière qui en est recouvert, et alors le feu brûle le métal. Cet inconvénient n'est plus à craindre du moment que, par la forme bombée du fond de la chaudière, ce dépôt est rejeté sur les angles, qui, reposant sur la maçonnerie, sont soustraits à l'action directe du feu.

Il faut faire circuler le feu autour de la chaudière du moyen d'une cheminée tournante ; alors toute la chaleur est mise à profit ; tout le liquide est enveloppé et également chauffé.

Pour que la colonne de vapeurs qui s'élève n'éprouve aucun obstacle dans son ascension, il faut que les parois de la chaudière montent perpendiculairement, et que les vapeurs soient maintenues dans le même degré d'expansion, jusqu'à ce qu'elles soient parvenues au réfrigérant. Mais les vapeurs, librement élevées et condensées par leur contact contre les parois froides du chapiteau, retomberaient dans la chaudière de l'alambic, si ces parois ne présentoient pas une inclinaison suffisante pour que les gouttes de liquide qui s'y appliquent, coulent sur les parois pour se rendre dans la rigole qui les conduit dans le serpentin. J'ai calculé que cette inclinaison devoit être au moins de 75 degrés par rapport à l'horizon. Il est encore nécessaire que l'eau du réfrigérant soit souvent renouvelée, sans quoi elle prend bientôt la température de la vapeur et ne peut plus servir à la condenser.

Quoique ces principes sur la distillation soient incontestables, il faut néanmoins y apporter quelques modifications pour faciliter le service : en effet, en donnant à l'orifice de la chaudière tout le diamètre de la base, le chapiteau présente un évasement très-considérable ; il est par conséquent indispensable de lui donner une grande hauteur, pour conserver aux surfaces l'inclinaison de 75 degrés. Cette construction entraîne deux inconvéniens majeurs : le premier, de rendre le chapiteau pesant, lourd et coûteux ; le second, de présenter de la difficulté, pour donner aux bords supérieurs de la chaudière la force convenable pour résister à l'effort du chapiteau. Ce sont ces premières considérations qui m'ont forcé à porter quelque changement dans la construction ci-dessus, quelque conforme qu'elle parût aux principes. Ces changemens sont tous dans la forme de la chaudière : j'en évase légèrement les côtés en les élevant, et je les rapproche vers le haut, de manière que le diamètre de l'ouverture réponde à celui du fond. Cette forme remédie aux deux défauts que nous avons notés ci-dessus, et elle a l'avantage de présenter un rebord à la partie supérieure contre lequel les bouillons provenant d'une ébullition trop forte viennent se briser pour être rejetés contre le centre de la chaudière.

Indépendamment de ce changement de forme dans la chaudière, j'ai cru qu'on devoit supprimer le réfrigérant dont on revêtoit le chapiteau. Ce réfrigérant a l'inconvénient de rafraîchir les vapeurs, et d'établir dans l'intérieur un nuage qui contrarie leur ascension ultérieure.

On peut observer que, lorsqu'on distille à la cornue et au bain de sable, il suffit d'appliquer un corps froid sur la cornue pour produire cet effet : on voit de suite se former de stries sur les parois, et la liqueur retomber dans le fond de la cornue elle-même.

Si, dans le tems, j'ai proposé moi-même de conserver le réfrigérant, c'est que je lui attribuois une portion des effets qui appartenoient à une construction de fourneau bien entendue, et qui en dérivoient. Je me suis assuré, par la suite, qu'on obtenoit un plus grand effet encore en supprimant le réfrigérant. Il y a d'ailleurs plus d'économie et moins d'embarras dans le service.

D'après cela, j'ai pensé que le grand art de condenser les vapeurs se bornoit à agrandir le bec du chapiteau, et à rafraîchir avec soin l'eau du serpentin. Par ce moyen, les vapeurs s'échappent de l'alambic avec d'autant plus de facilité, qu'elles sont appelées dans le serpentin par la prompte condensation de celles qui les ont précédées.

Ces divers degrés de perfection ont commencé a être introduits dans le Languedoc, il a douze à quinze ans. Les frères *Argand* ont puissamment contribué à les faire adopter ; les premiers, ils ont formé des établissemens d'après ces principes ; et on a obtenu une telle économie dans le tems et le combustible, qu'on l'évalue aux quatre cinquièmes, d'après les résultats des expériences comparées qui ont été faites.

J'ai dirigé moi-même plusieurs établissemens du même genre ; et d'après ces mêmes principes. Je crois qu'il est difficile de porter plus loin la perfection, et il est à desirer que ces méthodes de distillation deviennent générales.

Mais c'est encore moins à la forme de l'appareil, qu'à la construction du foyer et à la sage conduite du feu, qu'on doit ces effets extraordinaires. Le bord postérieur de la grille doit répondre au milieu du fond de la chaudière, pour que la flamme qui fuit, frappe et chauffe également tout le cul. La distance de la chaudière à la grille doit être d'environ seize à dix-huit pouces, lorsqu'on chauffe avec le charbon de terre, et la cheminée doit être tournante.

Indépendamment de l'économie dans le tems, le combustible, la main-d'œuvre, etc., cette forme d'appareil influe sur la qualité des eaux-de-vie. Elles sont infiniment plus douces que les autres ; elles n'ont point le goût d'empyreume, qui est presque un vice inséparable des eaux-de-vie du commerce. Cette dernière qualité, qui les rend si supérieures aux autres, a failli devenir pour elles un motif d'exclusion, parce que les habitans du nord, qui en font leur principale boisson, les trouvoient trop douces : il a donc fallu les mêler avec de l'eau-de-vie *brûlée*, pour les accréditer. On peut aisément leur donner ce goût de feu, en soutenant et prolongeant la distillation au-delà du terme. La liqueur qui passe vers la fin sent très-décidément le brûlé.

Il est nécessaire, dans les arts, de se plier au goût, même au caprice du consommateur ; et ce qui, chez nous, est rejeté comme de mauvais goût, peut paroître exquis et friand à l'habitant du nord. Dans le midi, une sensibilité extrême repousse des boissons brûlantes qui, dans des climats très-froids, pourront être foibles : *Il faut écorcher un Moscovite pour lui donner de la sensibilité*, a dit très-ingénieusement MONTESQUIEU.

D'après des expériences comparatives que j'ai été dans le cas de faire, je me suis convaincu qu'on obtenoit encore un peu plus d'eau-de-vie par ce procédé que par l'ancien ; ce qui provient de ce que l'eau-de-vie sort fraîche de l'appareil, et qu'elle n'éprouve aucune perte par l'évaporation. Aussi les ateliers dans lesquels ces appareils perfectionnés sont établis n'ont-ils pas sensiblement l'odeur de l'eau-de-vie.

Lorsqu'on distille des vins, on conduit la distillation jusqu'au moment où la liqueur qui passe n'est plus inflammable.

Les vins fournissent plus ou moins d'eau-de-vie selon le degré de spiritualité. Un vin très-généreux fournit jusqu'au tiers de son poids. Le terme moyen du produit de nos vins, dans le midi, est d'un quart de la totalité : il en est qui fournissent jusqu'à un tiers.

Les vins vieux donnent une meilleure eau-de-vie que les nouveaux ; mais ils en fournissent moins, sur-tout lorsque la décomposition du corps sucré a été terminée avant la distillation.

Ce qui reste dans la chaudière, après qu'on eu a extrait l'eau-de-vie, est appelé *vinasse* : c'est le mélange confus du tartre, du principe colorant, de la lie, etc. On rejette ce résidu comme inutile ; néanmoins, en le faisant dessécher à l'air ou dans des étuves, on peut en extraire par la combustion un alkali assez pur.

Il y a des ateliers où l'on fait aigrir la *vinasse* pour la distiller, et en extraire le peu de vinaigre qui s'y est formé.

L'eau-de-vie est d'autant plus spiritueuse, qu'elle est mélangée avec une moins grande quantité d'eau ; et, comme il importe au commerce de pouvoir en connoître aisément les degrés de spiritualité, on s'est long-tems occupé des moyens de les constater.

Le *bouilleur* ou *distillateur* juge de la spiritualité de l'eau-de-vie par le nombre, la grosseur et la permanence des bulles qui se forment en agitant la liqueur : à cet effet, on la verse d'un vase dans un autre ; on la laisse tomber d'une certaine hauteur ; ou bien, ce qui est plus généralement usité, on l'enferme dans un flacon allongé, qu'on en remplit aux deux tiers, et on l'agite fortement, en en tenant l'orifice bouché avec le pouce ; ce dernier appareil est appelé *la sonde*.

L'épreuve par la combustion, de quelque manière qu'on la pratique, est très-vicieuse. Le règlement de 1729 prescrit de mettre de la poudre dans une cuiller, de la couvrir de liqueur, et d'y mettre le feu. L'eau-de-vie est réputée de première qualité si elle enflamme la poudre ; elle est mauvaise, dans le cas contraire. Mais la même qualité de liqueur enflamme ou n'enflamme pas, suivant la proportion dans laquelle on l'emploie ; une petite quantité enflamme toujours ; une grande n'enflamme jamais, parce que l'eau que laisse la liqueur suffit alors pour humecter la poudre, et la garantir de l'inflammation.

On a encore recours au sel de tartre (*carbonate de potasse*), pour éprouver l'eau-de-vie. Cet alkali se dissout dans l'eau, et nullement dans l'alkool ; de manière que celui-ci surnage la dissolution qui s'en fait.

Ces premiers procédés, plus ou moins défectueux, ont fait recourir à des moyens capables de déterminer la spiritualité, par l'évaluation de la gravité spécifique.

Une goutte d'huile versée sur l'alkool se fixe à la surface ou se précipite au fond, selon le degré de spiritualité de la liqueur. Ce procédé a été proposé et adopté par le gouvernement espagnol, en 1770 ; il a fait l'objet d'un règlement ; mais il est sujet à erreur, puisque l'effet dépend de la hauteur de la chûte, de la pesanteur de l'huile, du volume de la goutte, de la température de l'atmosphère, des dimensions des vases, etc.

En 1772, cet objet important fut repris par deux physiciens habiles, *Borie* et *Poujet de Cette* ; ils ont fait connoître et adopter, par le commerce de Languedoc, un pèse-liqueur auquel ils ont adapté un thermomètre dont les divers degrés indiquent, à chaque instant, les corrections que doit apporter, dans la graduation du pèse-liqueur, la température très-variable de l'atmosphère.

À l'aide de ce pèse-liqueur, non seulement on juge du degré de spirituosité, mais on ramène l'eau-de-vie à tel degré qu'on peut desirer. À cet effet, on a des poids de diverse pesanteur : le plus pesant est marqué *preuve de Hollande* ; le plus léger, *trois-sept* : ainsi, si l'on visse à l'extrémité inférieure de la tige de l'aréomètre le poids *preuve de Hollande*, et qu'on plonge l'instrument dans une liqueur *trois-sept*, s'enfonce beaucoup trop ; mais on le ramènera au niveau *preuve de Hollande*, en y ajoutant quatre septièmes d'eau.

Si on visse, au contraire, le poids *trois-sept*, et qu'on plonge l'aréomètre dans un liqueur *preuve de Hollande*, il s'élèvera dans la liqueur au-dessus de ce dernier terme, et on le ramènera aisément à ce degré, en y ajoutant de l'alkool plus spiritueux.

Lorsqu'on distille des eaux-de-vie pour en extraire l'alkool, on emploie communément le *bain-marie* : alors la chaleur est plus douce, plus égale ; le produit de la distillation, de meilleure qualité ; c'est ce produit qu'on appelle *esprit-de-vin* dans le commerce.

3°. LE TARTRE. Le tartre existe dans le verjus ; il est encore dans le moût ; il concourt à faciliter la formation de l'alkool, ainsi que nous l'avons déjà observé, d'après les expériences de *Bullion*. Il se dépose sur les parois des tonneaux, par le repos, et y forme une croûte plus ou moins épaisse, hérissée de cristaux assez mal prononcés. Quelque tems avant les vendanges, lorsqu'on dispose les futailles à recevoir le vin, on défonce les tonneaux, et on détache le tartre pour l'employer dans le commerce à ces diverses usages.

Le tartre n'est pas fourni par tous les vins dans la même proportion ; les rouges en donnent plus que les blancs ; les plus colorés, les plus grossiers, en fournissent généralement le plus.

La couleur varie aussi beaucoup ; et on l'appelle *tartre rouge* ou *tartre blanc*, selon qu'il provient de l'un ou de l'autre de ces vins.

Ce sel est peu soluble dans l'eau froide ; il l'est beaucoup plus dans l'eau bouillante. Il ne se dissout presque pas dans la bouche, et résiste à la pression de la dent.

On le débarrasse de son principe colorant par un procédé simple, et il porte alors le nom de *crême de tartre*. À cet effet on le dissout dans l'eau bouillante ; et dès qu'elle en est saturée, on porte la dissolution dans des terrines pour la laisser refroidir : il se précipite, par le refroidissement, une couche de cristaux, qui sont déjà presque décolorés. On dissout de nouveau ces cristaux dans l'eau bouillante ; on mêle, on délaye dans la dissolution quatre ou cinq pour cent d'une terre argileuse et sablonneuse, de Murviel, près de Montpellier, et on évapore ensuite jusqu'à pellicule ; par le refroidissement, il se précipite des cristaux blancs qui, exposés en plein air sur des toiles, pendant quelques jours, acquièrent cette blancheur qui appartient à la crème de tartre ; les eaux-mères sont réservées pour servir à de nouvelles dissolutions. Telle est à-peu-près la méthode qu'on pratique à Montpellier et dans les environs, où sont établies presque toutes les fabriques connues de crême de tartre.

Le tartre est encore employé comme fondant : il a le double avantage de fournir le carbone nécessaire à la désoxygénation des métaux, et l'alkali, qui est un des meilleurs fondans connus.

On purifie encore le tartre par la calcination. On décompose et détruit son acide par ce premier moyen, et il ne reste plus que l'alkali et le charbon : on dissout l'alkali dans l'eau, on filtre, on rapproche la dissolution, et on obtient ce sel très-connu dans les pharmacies sous le nom de *sel de tartre, carbonate de potasse*.

Le tartre ne fournit guère en alkali que le quart de son poids.

4°. L'EXTRACTIF. Le principe extractif abonde dans le moût ; il y paroit dissous à l'aide du sucre : mais lorsque la fermentation dénature le principe sucré, l'extractif diminue sensiblement. Alors une portion presque ramenée à l'état de fibre se précipite ; le dépôt en est d'autant plus sensible, que la fermentation s'est plus ralentie et que l'alkool est plus abondant ; c'est sur-tout ce qui constitue la lie. Cette lie est toujours mêlée d'une quantité assez considérable de tartre qu'elle enveloppe.

Il existe toujours dans le vin une portion d'extractif qui y est dans une dissolution exacte ; on peut l'en retirer par l'évaporation. Il est plus abondant dans les vins nouveaux que dans les vieux. Ils en paroissent d'autant plus complètement débarrassés qu'ils ont plus vieilli

Cette lie desséchée au soleil ou dans des étuves, après avoir été fortement exprimée, est ensuite brûlée pour en extraire cette sorte d'alkali appelé dans le commerce *cendres gravelées*. La combustion s'opère dans un fourneau dont on élève les parois à mesure qu'elle se fait ; le résidu est une masse poreuse, d'un gris verdâtre, qui forme environ la trentième partie de la quantité de lie brûlée.

C'est cette lie dont on débarrasse les vins par le soutirage, lorsqu'on veut les préserver de la dégénération acide.

5°. L'AROME. Tous les vins naturels ont une odeur plus ou moins agréable. Il en est même qui doivent une grande partie de leur réfutation au parfum ou bouquet qu'ils exhalent. Le vin de Bourgogne est dans ce cas-là. Ce parfum se perd par une fermentation trop tumultueuse ; il se renforce par la vétusté. Il n'existe que rarement dans les vins très-généreux, ou parce que l'odeur forte de l'alkool le masque, ou parce que la forte fermentation qui a été nécessaire pour développer l'esprit l'a éteint ou fait dissiper.

Cet arome ne paroît pas susceptible d'être extrait pour être porté à volonté sur d'autres substances. Le feu même paroît le détruire ; car, à l'exception du premier liquide qui passe à la distillation, et qui conserve un peu de l'odeur particulière au vin, l'eau-de-vie qui vient ensuite n'a plus que les caractères qui lui appartiennent essentiellement.

6°. LE PRINCIPE COLORANT. Le principe colorant du vin existe dans la pellicule de raisin : lorsqu'on fait fermenter le moût sans le marc, le vin en est blanc. Ce principe colorant ne se dissout dans la vendange que lorsque l'alkool y est développé ; ce n'est qu'alors que le vin se colore ; et la couleur en est d'autant moins nourrie que la fermentation a été plus tumultueuse, ou qu'on a laissé cuver plus long-tems. Cependant la seule expression du raisin par un foulage fait avec soin peut mêler au moût une quantité suffisante de principe colorant pour faire prendre à la masse une couleur assez intense ; et lorsqu'on a pour but d'obtenir du vin assez décoloré, on cueille le raisin à la rosée, et on foule le moins possible.

Le principe colorant se précipite en partie dans les tonneaux avec le tartre et la lie ; et lorsque le vin est vieux, il n'est pas rare de le voir se décolorer complettement ; alors la couleur se dépose en pellicules sur les parois des vases ou dans le fond : on voit comme des membranes nager dans le liquide et troubler la transparence de la liqueurs.

Si l'on expose des bouteilles remplies de vin au soleil, quelques jours suffisent pour précipiter le principe colorant en larges pellicules. Le vin ne perd ni son parfum ni ses qualités. J'ai fait souvent cette expérience, sur des vins vieux très-colorés du midi.

Il suffit de verser de l'eau de chaux en abondance sur le vin, pour en précipiter le principe de la couleur. Dans ce cas, la chaux se combine avec l'acide malique, et forme un sel qui paroît en flocons légers dans la liqueur. Ces flocons se déposent peu à peu et entraînent tous le principe colorant. Le dépôt est noir ou blanc, selon la couleur du vin sur lequel on opère. Il arrive souvent que le vin est encore susceptible de précipité, quoiqu'il ait été complettement décoloré par un premier dépôt, ce qui prouve que le principe de la couleur a une très-forte affinité avec le malate de chaux. Le précipité coloré est insoluble dans l'eau froide et dans l'eau chaude. Ce liquide ne produit même aucun changement sur la couleur. L'alkool n'a presque aucun effet sur lui, seulement il prend une légère teinte brune. L'acide nitrique dissout le principe colorant de ce précipité.

Lorsqu'on a réduit le vin à l'état d'extrait, l'alkool qu'on y passe dessus se colore fortement de même que l'eau, quoique moins. Mais, outre le principe colorant qui se dissout alors, il y a encore un principe extractif sucré qui facilite la dissolution.

Le principe colorant ne paroît donc pas de la nature des résines ; il présente tous les caractères qui appartiennent à une classe très-nombreuse de produits végétaux qui se rapprochent des fécules sans en avoir toutes les propriétés. Le plus grand nombre de principes colorans sont de ce genre : ils sont solubles à l'aide de l'extractif ; et lorsqu'on les dégage de cet intermède, ils se fixent d'une manière solide.

FIN.

↑ Je n'agiterai pas la question de savoir si l'alkool est tout formé dans le vin, ou s'il est le produit de la distillation, ou, en d'autres termes, s'il est le résultat de la fermentation ou celui de la distillation. *Fabroni* a adopté ce dernier sentiment, et s'est fondé sur ce que, ayant mêlé un centième d'alkool à du vin nouveau, il n'y a pu séparer, à l'aide de la potasse, que cette même quantité d'alkool. Mais cette expérience me paroîtroit prouver, tout au plus, que l'alkool étranger qu'on ajoute au vin, n'entra pas dans une combinaison aussi exacte que celui qui y existe naturellement ; il y reste dans un simple état de mélange. Nous observons un phénomène analogue lorsque nous délayons l'alkool très-concentré, par l'addition d'une quantité plus ou moins considérable d'eau ; car il est connu, dans le commerce que cet alkool affaibli n'a pas le même goût que l'alkool naturel qui marque néanmoins le même degré de spirituosité. Je considère donc l'alkool dans le vin, non point comme y existant isolément et dégagé de toute combinaison, mais comme combiné avec le principe colorant, le carbone, l'alkali, l'extractif, et tous autres principes constituans du vin ; de manière que le vin est un tout surcomposé dont tous les élémens peuvent être extraits par des moyens chimiques ; et lorsque, par l'application de la chaleur, on tend à séparer ces mêmes principes, les plus volatils s'élèvent les premiers, et l'on voit passer d'abord un composé très-léger formant l'*alkool*, ensuite l'eau, etc. La distillation, en extrayant successivement tous les principes du vin, d'après les lois invariables de leur pesanteur et de leurs affinités, rompt et détruit la combinaison primitive qui constitue le vin et présente des produits qui, réunis, ne sauraient reproduire le corps primitif, parce que la chaleur a tout désuni, et séparé le composé en des principes qui peuvent exister isolément, et qui n'ont presque plus d'affinité entre eux.Au reste, peu importe à l'art que l'alkool existe ou n'existe pas dans le vin : le distillateur n'en a pas moins des principes invariables, tant sur la qualité que sur la quantité d'alkool que peut fournir chaque vin. Ainsi, que le feu combine les principes de l'alkool, ou qu'il les extraie simplement d'une masse où ils sont combinés, la manière d'opérer et les résultats de l'opération ne sauroient en recevoir aucune modification. Nous voyons la répétition des phénomènes que nous présente la distillation des vins dans celle de toutes les matières végétales et de leurs produits.La distillation par le feu n'est pas le seul moyeu d'extraire l'alkool du vin. 1°. Le gaz acide carbonique qui se dégage par la fermentation entraîne avec lui et dans un état de dissolution, une quantité assez considérable d'alkool, ainsi que je l'ai déjà prouvé. 2°. Le gaz qui s'échappe du Champagne enlève presque tout l'alkool contenu dans ce vin. 3°. Les vins très-spiritueux, agités dans les bouteilles, laissent échapper des bouffées d'alkool très-sensibles. 4°. Les vins qui fournissent le plus d'esprit sont jugés les plus spiritueux au goût. Tous ces faits ne sauroient se concilier dans l'hypothèse de la formation de l'alkool par la distillation, et paroissent prouver qu'il existe tout formé dans le vin.On peut encore consulter, dans les *Annales de Chimie*, l'opinion qu'a publiée *Fourcroy* sur cette importante matière.

FIN

L'Art de la teinture du coton en rouge

DISCOURS PRÉLIMINAIRE.

LA complication des procédés de la teinture, et la nature mobile et fugace des principes colorans, en ont rendu l'étude très-difficile : l'extrême embarras où se trouve le chimiste pour exécuter les opérations de cet art dans son laboratoire, et la difficulté de les suivre dans les ateliers, ne lui permettent pas de voir par lui-même tous les phénomènes qu'elles présentent ; et, dès-lors, peu familier avec elles, il se borne à raisonner sur des procédés qui lui sont transmis avec plus ou moins d'exactitude.

Presque jusqu'à ces derniers temps, la théorie que les chimistes ont appliquée aux opérations de la teinture, étoit plus propre à en retarder la marche qu'à l'éclairer. Par une aberration bien étrange de l'esprit humain, au moment même où l'analyse commençoit à reconnoître les affinités comme le principe et la cause déterminante de toute action chimique, Hellot et Macquer rapportoient à la mécanique tous les résultats de la teinture : c'étoient par-tout des pointes, des trous, des aiguilles, des chatons, etc.

Cependant, on ne peut pas disconvenir que les écrits d'Hellot, sur la teinture des laines, et ceux de Macquer, sur celle des soies, n'aient rendu de grands services : ils ont fixé les procédés de l'art ; ils ont donné aux opérations une marche plus régulière, et ils ont confié à la réflexion et à un nouvel examen, des procédés qui, jusqu'à eux, étoient restés secrets ou décrits avec peu d'exactitude.

Mais c'est sur-tout Bergmann, et après lui M. Berthollet qui ont ramené à des loix constantes tous les phénomènes de la teinture : ils ont fait rentrer cette partie précieuse de nos arts dans le domaine des affinités chimiques ; et on peut dire avec vérité, qu'ils ont été les premiers à poser les bases de la science tinctoriale.

La teinture du fil et du coton a été encore plus négligée que celle des laines et des soies : la raison de cette différence est facile à trouver : cette teinture n'est connue parmi nous que depuis un demi-siècle ; les procédés en sont longs et pénibles, et on en a fait un secret jusqu'à ces derniers temps. En outre, le fil et le coton résistant, par la nature de leur tissu, à l'action des lessives alkalines, on a voulu que ces couleurs fussent à l'épreuve de ces mêmes lessives ; de sorte que les mordans et les principes colorans ont dû nécessairement être réduits à un très-petit nombre : jusqu'ici, la seule garance et quelques oxides métalliques ont pu réunir tous ces avantages.

Cette belle couleur, qu'on donne au coton par le moyen de la garance, étoit préparée dans le Levant, long-temps avant qu'elle fût introduite en France, où ce procédé n'a été connu que vers le milieu du dernier siècle. Les premiers établissemens de ce rouge (appelé *rouge d'Andrinople*) qu'on a formés parmi nous, ont été créés et dirigés par des teinturiers qu'on avoit fait venir de Smirne.

Les fabriques des tissus de coton, établies à Montpellier et à Rouen, ont été long-temps alimentées par les cotons teints dans les Échelles du Levant ; mais enfin elles s'affranchirent de cette dépendance, en appelant des teinturiers grecs, auxquels on confia d'abord la direction exclusive des établissemens de teinture qu'ils formèrent chez nous. Peu à peu, les procédés qu'on s'efforçoit de tenir secrets, furent achetés ou découverts ; et l'art de la teinture en rouge sur coton ne tarda pas à être généralement pratiqué par des Français.

L'opération de la teinture du coton en rouge de garance, est, sans contredit, la plus compliquée et la plus difficile que les arts nous présentent : il faut vingt à trente jours d'un travail non interrompu pour la terminer. Pendant ce long espace de temps, le même coton doit passer, au moins une fois par jour, par les mains de l'ouvrier ; il doit recevoir successivement l'action de huit à neuf substances différentes, toutes nécessaires pour obtenir une couleur solide et bien nourrie.

On peut voir, d'après cela, quelle attention et quelle habileté il faut supposer dans un ouvrier, qui, conduisant à-la-fois une masse de coton très-considérable, et la travaillant sans interruption pendant un mois, doit donner à toutes les parties les mêmes soins ; car, sans ces précautions et cette attention de chaque instant, on n'obtiendroit qu'une couleur peu solide, et sur-tout mal unie.

J'ai formé moi-même, et j'ai dirigé pendant trois ans, un des plus beaux établissemens de teinture en coton qu'il y ait en France : un double intérêt, celui de la propriété et celui de la science, m'a constamment animé pendant tout le temps que j'ai conduit ma teinture ; et je puis avouer qu'il est peu de procédés que je n'aie pratiqués, peu de moyens d'amélioration ou de perfectionnement que je n'aie tentés, peu d'expériences que je n'aie répétées. Dans mes recherches, il ne s'est jamais présenté un résultat utile que je n'aie de suite transporté dans mes ateliers, pour y recevoir la terrible épreuve du *travail en grand*.

Je n'offre donc au public, ni des conceptions hasardées, ni les résultats de quelques essais, ni les procédés, trop souvent trompeurs, qui s'échappent des ateliers. Je dis ce que j'ai vu ; je publie ce que j'ai fait ; je décris ce que j'ai exécuté moi-même ; je ne copie que le résultat de mes expériences ; et je me borne à présenter, pour ainsi dire, la *carte* de ma fabrique et le journal de mes opérations. Voilà mes titres à la confiance du public.

Celui qui fait mieux, lira, peut-être, mon ouvrage sans fruit ; mais celui qui sait moins, n'y trouvera que des vérités utiles : j'imite le voyageur qui, après avoir parcouru péniblement un pays peu connu, nous associe à ses travaux par la connoissance qu'il nous donne de tout ce qu'il a vu : et comme, en comparant les relations des voyageurs, nous parvenons à acquérir des notions exactes sur les pays qu'ils décrivent, nous pourrons obtenir de semblables résultats dans les arts, si ceux qui les pratiquent nous communiquent, non ce qu'on leur a dit, mais ce qu'ils ont vu, non ce qu'ils ont imaginé, mais ce qu'ils ont pratiqué.

Quelques lecteurs trouveront, peut-être, pénible de parcourir tous les détails que je donne, sur les manipulations, les constructions, le choix des matières, la conduite des ouvriers, le régime intérieur de l'atelier, &c. Mais l'artiste qui veut opérer, l'artiste qui sait qu'on ne dirige bien qu'autant qu'on peut exécuter soi-même, ne trouvera certainement pas encore, dans cet écrit, tout ce qu'il désire. Il n'y a personne qui n'ait éprouvé que les procédés, qu'on a jugés très-clairs et même minutieux à la lecture, ne sont jamais suffisamment détaillés ou développés, lorsqu'on en vient à l'application.

CHAPITRE PREMIER.

Du choix d'un Local propre à former un établissement de Teinture en coton.

UNE fabrique quelconque ne peut prospérer qu'autant qu'elle est établie dans un local bien choisi.

C'est faute d'avoir constaté et calculé d'avance les avantages et les inconvéniens de telle ou telle position, qu'on voit tomber, chaque jour, des établissemens qui entraînent la ruine des entrepreneurs.

On peut lutter, à la vérité, pendant quelque temps, à force d'économie, d'intelligence et de bonne administration, contre les vices de la localité ; mais, comme les effets d'un mauvais emplacement se répètent, chaque jour, et à chaque instant, ils minent, peu à peu, l'établissement par sa base, et entraînent infailliblement sa chûte.

Je pourrois en appeler ici à ces malheureux entrepreneurs qui, chaque jour, ensevelissent leur fortune dans divers établissemens : ils vous diroient tous que, séduits par la disposition d'une belle maison, ou par le bas prix de la main-d'œuvre, ou par la beauté d'un cours d'eau, ou par l'abondance du combustible, ils se sont laissé entraîner à former des fabriques, et qu'ils ne se sont apperçus que l'emplacement ne présentoit qu'une des conditions nécessaires au succès, que lorsque leur ruine a été consommée.

Le premier soin qui doit occuper un entrepreneur qui a le projet de former un établissement de teinture en coton, c'est de s'assurer de la facilité des approvisionnemens, et de l'avantage que présente la localité pour la consommation et le transport des produits.

Les objets d'approvisionnement pour une teinture, sont le coton, la garance, la soude, l'huile, la noix de galle, le sang et le savon.

Ces objets d'approvisionnement se trouvent par-tout : mais ils ne sont pas par-tout au même prix ; et, conséquemment, les ateliers de teinture ne peuvent pas être placés, indistinctement, et comme au hasard, sur tous les points du globe.

Pendant plusieurs années, les fabricans en tissus de coton, de la ville de Montpellier, ont alimenté leurs fabriques en achetant à Marseille du coton en laine, qu'ils faisoient filer dans les montagnes du Gévaudan, et qu'ils envoyoient ensuite à Smirne pour y être teint en rouge. Ce long trajet, qu'on faisoit parcourir au coton, entraînoit, non-seulement des frais de transport considérables, mais il nécessitoit encore une énorme avance de capitaux de la part du fabricant : car, depuis le moment de l'achat du coton jusqu'à celui de son emploi dans la fabrique, il s'écouloit plus d'une année. Aujourd'hui, tout est rapproché : le coton est filé et teint en rouge dans le même lieu, où il est ensuite converti en tissu ; la filature, la teinture, le tissage, sont constamment sous l'œil de l'entrepreneur ; et ces diverses branches d'une même industrie, ainsi rapprochées et concentrées, s'aident, se prêtent des secours mutuels, et assurent leurs succès l'une par l'autre.

La garance est celui de tous les élémens de la teinture qui est employé à plus haute dose ; et c'est encore celui qui présente le plus d'embarras dans le transport.

La garance dont on se sert, le plus généralement, est celle qu'on récolte dans le Comtat Vénaissin, aujourd'hui département de Vaucluse. Il n'est donc pas douteux que les établissemens de teinture, qui sont formés dans le Midi de la France, ne jouissent d'un avantage considérable sur ceux du Nord : en temps de guerre, lorsque les transports par mer sont interrompus, cet avantage est quelquefois de 20 et 30 francs par 100 livres (50 kilogrammes) de garance, ce qui double le prix de cette substance.

La soude, l'huile, la noix de galle et le savon qui se tirent également du Midi, offrent, à la vérité, des différences moins sensibles, parce qu'on les emploie dans une proportion moins forte que la garance : cependant le poids de ces objets réunis équivaut à environ deux fois le poids du coton employé ; de manière que leur transport, du Midi au Nord, nous présente un désavantage égal à celui de la garance.

Il suit, de ce que nous venons d'établir, que, pour teindre une livre (demi-kilogramme) de coton dans le Nord de la France, il faut y transporter, au moins un poids triple, en matières tinctoriales du Midi. Il y auroit donc de l'avantage à teindre dans le Midi, et à porter les cotons teints, dans le Nord, pour y être employés aux fabriques : on économiseroit environ 3 sur 4, eu égard à la différence entre le poids du coton et celui des matières qu'on emploie à sa teinture. Cette différence, quoique très-réelle, a été peu sentie jusqu'aujourd'hui, parce que le désavantage de l'emplacement dans les teintures du Nord, y a été racheté par l'économie et la supériorité de la filature, qui s'y faisoit avec des mécaniques perfectionnées, tandis que, dans le Midi, elles y étoient inconnues. Du moment que ces mécaniques seront adoptées par-tout, l'avantage de la localité ressortira avec toute sa force.

Dans une teinture en coton, où les lavages à grande eau se répètent, au moins, six à sept fois, sur chaque partie, on a besoin d'une eau qui se renouvelle, pour bien nettoyer les cotons, pour en extraire toutes les matières étrangères, et ne laisser sur le fil que le mordant qui y adhère, ainsi que le principe colorant qu'on y dépose. Il faut donc une eau vive, courante et assez abondante pour qu'elle soit toujours propre.

Indépendamment de la quantité, l'eau doit encore réunir quelques qualités qui la rendent propre à la teinture : elle doit être pure et exempte de sels terreux ; car, outre qu'elle ne dissoudroit pas le savon, la noix de galle et la soude qu'on emploie dans la teinture en précipiteroient la partie terreuse sur le coton, et la couleur rouge en deviendroit terne et vineuse, sur-tout si le principe terreux étoit de la chaux, comme cela est ordinairement.

Une eau qui devient trouble et laiteuse par suite d'inondations, présente moins d'inconvéniens que celle qui est chargée de sels terreux. Il paroît que la terre suspendue dans l'eau n'est pas aussi susceptible de combinaison avec la noix de galle que celle qui est dissoute dans un acide : cependant il est prudent de suspendre tout lavage, lorsque l'eau charie, parce que les couleurs en seroient altérées, sur-tout dans les dernières opérations.

Il est encore à désirer qu'on ait à sa disposition une eau qui ne contracte pas un trop grand froid : les eaux qui sont exposées au midi, celles qui coulent sur un sol marneux, sont, en général, plus chaudes que celles qui sont exposées au nord ou qui coulent sur la pierre ou les cailloux : les ouvriers, obligés, chaque jour, de plonger dans l'eau les pieds et les mains, pour y laver les cotons, se refusent à ces opérations ou les exécutent mal, et contractent même souvent des maladies, lorsque les eaux sont glaciales.

L'eau qui ne se gèle point est encore préférable à celle qui se gèle : car les suspensions de travail dans les fabriques sont toujours ruineuses.

Lorsqu'on peut se procurer une chute d'eau, d'environ 7 pieds (2 mètres $\frac{1}{3}$) de hauteur, on peut donner une bien grande facilité à tous les travaux de l'atelier : le service des chaudières et des avivages, lorsqu'on le fait à bras, et le broiement de la garance, qu'on exécute par la force des chevaux, n'offrent ni l'économie, ni la perfection d'un service obtenu par un cours d'eau non interrompu et toujours égal.

Comme, en général, chacune des opérations, qu'on fait subir au coton, se termine par le lavage, et qu'on ne peut pas passer de l'une à l'autre sans avoir séché le coton, il s'ensuit que l'emplacement qu'on destine à former un atelier de teinture doit offrir une exposition favorable à la dessiccation. Cet emplacement doit recevoir le soleil de midi, et néanmoins être assez abrité pour que le vent ne tourmente pas les cotons à l'étendage : car, outre l'inconvénient de dessécher trop vite et inégalement, les fils se mêlent, les mateaux s'amoncèlent ou sont jetés sur les piquets, sur la surface desquels ils s'accrochent et se déchirent.

Indépendamment de ces premières dispositions du local, il faut encore que le sol de l'étendage soit sec : pour peu qu'il soit humide, la dessiccation y est lente, et presqu'impossible pendant les premiers jours qui succèdent à une pluie.

Il faut encore que le local, dans lequel on veut établir une teinture, présente un développement suffisant ; qu'il soit clos de murs ou entouré de fossés ; que les avenues en soient faciles, et qu'on puisse s'y procurer aisément le nombre d'ouvriers dont on a besoin.

CHAPITRE II

Des Moyens de disposer le Local pour le rendre propre aux opérations de la Teinture.

L'ÉCONOMIE du temps et de la main-d'œuvre est une des premières causes de la prospérité d'une fabrique ; et c'est, surtout, par la disposition bien entendue du local et par une bonne distribution dans l'atelier, qu'on l'obtient.

L'arrangement des diverses parties d'un atelier doit être tel que toutes les opérations se servent et se correspondent ; que les transports y soient aisés ; que l'ouvrier trouve, sous sa main, les objets dont il a besoin ; que chaque opération s'exécute dans un lieu qui lui soit destiné. Ce n'est que par ce moyen, qu'on évitera la confusion dans les manœuvres, qu'on portera une surveillance aisée sur toutes les opérations, et qu'on maintiendra chaque ouvrier dans une activité convenable.

Celui qui calcule ce que doivent produire, à la fin de l'année, ces légères économies de temps et de main-d'œuvre, qui se répètent, à chaque instant, n'a pas de peine à se convaincre qu'il n'en faut pas davantage pour assurer la prospérité d'une fabrique. Ainsi, les dépenses qu'on fait pour rendre un établissement commode et d'un service aisé, peuvent être regardées comme des économies et comme des garans du succès.

ARTICLE PREMIER.

Des dispositions qu'on doit faire pour établir les Magasins.

LORSQU'ON veut approprier un local, pour y former un atelier de teinture, il faut s'occuper, en premier lieu, de donner aux magasins une assez grande étendue, pour qu'on puisse y placer commodément la garance, la noix de galle, le sumach, l'huile, le savon et la soude.

La garance doit être déposée et conservée dans un magasin très-bien aéré, et qui soit à portée de l'usine où doit s'en faire le broiement. Comme la garance présente un grand volume, et qu'on en consomme une grande quantité dans une teinture en coton, il est convenable de consacrer un magasin pour elle seule.

Le sumach et la noix de galle, servant aux mêmes usages, et, étant d'une nature très-analogue, peuvent être réunis dans le même magasin.

La soude exige un local particulier.

L'huile et le savon peuvent être renfermés dans le même lieu.

La garance, le sumach, la noix de galle et la soude ne s'emploient qu'en poudre, ce qui suppose une mécanique quelconque pour écraser et broyer ces matières.

On connoît deux moyens, dans les fabriques, pour broyer ou pulvériser ces substances : la meule et le bocard. La meule a l'inconvénient d'exiger un plus fort degré de siccité dans la garance : le bocard occasionne une plus grande volatilisation, et conséquemment une plus grande perte.

Ces deux mécanismes sont mis en jeu par l'eau ou par la force d'un cheval : le premier moteur est plus économique et plus égal ; le second a l'avantage de pouvoir être établi par-tout, et, par conséquent, de pouvoir être placé dans le lieu le plus convenable de l'atelier.

Les pilons du bocard sont armés de couteaux de fer qui, en tombant dans l'auge, y coupent la garance et rendent sa division extrêmement prompte.

Comme la garance est assez généralement recouverte d'une croûte terreuse dont il faut la débarrasser, et que sa première enveloppe ne fournit qu'une mauvaise couleur, on est dans l'usage de sécher la garance au soleil ou dans des étuves, pour en détacher plus facilement le principe terreux et cette pellicule : cette première opération s'exécute en frappant sur la garance avec un bâton très-souple et en l'agitant avec une fourche.

Ce mélange d'un peu de terre, de l'épiderme et de quelques brindilles ou radicules, n'a besoin que d'être criblé pour que la terre s'en sépare, et il en résulte une garance de mauvaise qualité, qu'on appelle, dans le commerce, *garance de billon*, et qu'on n'emploie dans la teinture que pour des couleurs obscures ou bleuâtres.

La garance, dépouillée de tout le principe terreux et de son épidémie, par ce procédé, portée ensuite sous la meule ou sous le bocard, donne un produit qui contient toute l'écorce et une partie du principe ligneux : c'est alors ce qu'on appelle *garance mi-robée*.

On sépare celle-ci à l'aide du crible ou du blutoir, et on reporte, sous la meule ou le bocard, la portion ligneuse qui est restée entière, pour obtenir une troisième qualité de garance, qu'on appelle *garance robée*.

On trouve ces trois qualités de garance dans le commerce : la plus estimée de toutes est la troisième : mais, dans les teintures en coton, après avoir séparé avec soin la terre et l'épiderme, on broie tout le corps de la racine pour ne former qu'une qualité.

On a proposé d'employer la garance fraîche, mais, outre que son emploi, dans cet état, ne seroit possible que dans les lieux où on la cultive, la garance fraîche n'a aucun avantage sur la sèche, sous le rapport de la couleur, puisque tout le principe colorant existe, sans altération, dans la garance sèche. La racine fraiche auroit un très-grand désavantage sur la racine sèche, en ce que l'énorme quantité qu'il faudroit employer de la première pour fournir la même dose de matière colorante, permettroit à peine de travailler le coton dans les chaudières.

ARTICLE II.

Des dispositions qu'on doit donner à l'Atelier pour y établir les Salles des mordans et des apprêts.

POUR disposer convenablement cette partie de l'atelier, dans laquelle s'exécutent les principales opérations de la teinture, il faut savoir que les cotons sont imprégnés, pendant plusieurs jours de suite, d'une liqueur savonneuse ; qu'après cela on les engalle et on les alune ; qu'ensuite on les garance et qu'on termine l'opération par l'avivage.

Chacune de ces opérations exige que le coton soit lavé et séché avant de passer à une autre ; et il suit déjà, de cette série d'opérations, que les salles, dans lesquelles se donnent les apprêts et les mordans, doivent être rapprochées et contiguës, et qu'elles doivent être à portée du lavoir, afin de diminuer les transports et de simplifier la main-d'œuvre.

Les dispositions intérieures qui m'ont paru les plus avantageuses sont les suivantes :

La salle, dans laquelle on passe le coton aux huiles, doit présenter la forme d'un carré oblong : les portes doivent s'ouvrir dans l'étendage pour faciliter le transport des cotons ; elles doivent être larges, pour que le passage soit facile, et que, dans les divers transports, le coton ne s'y accroche pas.

Les jarres, chaudières et terrines doivent être disposées contre les murs et enchâssées dans de la maçonnerie, qui sera élevée à 2 pieds 6 pouces (0,762 mètre) au-dessus du sol, avec une largeur pareille.

On place deux terrines entre deux jarres, de manière que chaque jarre ait deux terrines à droite et deux à gauche.

On doit observer que les terrines soient placées à un pied (0,325 mètre) de distance l'une de l'autre : les jarres peuvent être un peu plus rapprochées des terrines.

En supposant que chaque partie de coton pèse 200 livres (100 kilogrammes), la jarre doit avoir assez de capacité pour contenir 250 livres (125 kilogrammes) d'eau.

La forme des terrines doit être conique : l'intérieur sera vernissé et le fond se terminera en œuf. Cette forme paroît être la plus avantageuse, pour fouler le coton et rendre la pression bien égale. *Voyez fig. 1, pl 1.*

L'orifice des jarres doit être très-évasé : sans cela, l'ouvrier qui agite souvent la liqueur qui y est contenue, et qui y puise, pour verser dans la terrine, seroit gêné dans sa manœuvre. *Voyez fig 2, pl 1.*

À un pied (0,325 mètre) au-dessus du massif de maçonnerie dans lequel sont engagées les jarres et les terrines, on fixe contre le mur, et parallèlement au sol, un liteau de bois, large de 6 pouces (0,162 mètre) et épais de 2 (0,054 mètre), on le fait régner sur tous les côtés où les jarres sont établies.

À 8 pouces (0,217 mètre), au-dessus du premier liteau, toujours parallèlement au sol de l'atelier, on place un second liteau ; et l'on assujétit, sur ces deux liteaux, au-dessus de chaque terrine, des morceaux de bois portant des chevilles, de la longueur de 6 pouces (0,162 mètre), polies avec soin sur tout le contour, pour qu'elles n'accrochent pas le coton, et assez fortes pour résister à l'effort que fait l'ouvrier lorsqu'il y tord son coton. On doit placer ces chevilles à une hauteur, qui soit telle que l'homme qui travaille puisse se courber sur la terrine, sans donner de la tête contre la cheville. *Voyez fig. 3 et 4, pl. 1.*

On place dans la salle, deux ou trois tables, de deux pieds (0,650 mètre) de haut, sur 3 (un mètre) de large. Ces tables servent à recevoir les cotons, à mesure qu'on les travaille.

La *figure 5, pl. 1*, donnera une idée de la disposition de l'intérieur d'une salle aux apprêts.

Dans le Midi de la France, les lessives se préparent encore dans de grandes jarres, qu'on ensevelit dans la terre, et partie dans la maçonnerie, presque jusqu'au bord de leur orifice ; mais ce moyen de lessiver les soudes est très-imparfait, et je préfère celui qui est usité dans le Nord.

Comme les opérations de l'engallage et de l'alunage succèdent à celles dont nous venons de nous occuper, il convient de placer l'atelier, dans lequel s'exécutent ces opérations, à côté du dernier.

Dans l'atelier de l'alunage et de l'engallage, il doit y avoir, au moins, deux chaudières, l'une pour l'engallage, l'autre pour l'alunage ; et, sur les côtés de ces chaudières, on dispose des terrines et des chevilles, comme on le fait dans l'atelier où le coton est passé aux lessives.

Ces chaudières doivent être rondes, et établies de manière que le feu soit servi en dehors de l'atelier, pour que la fumée ou la flamme n'incommode point les ouvriers : elles peuvent avoir les dimensions suivantes : 2 pieds 6 pouces (0,812 mètre) de largeur, sur 2 pieds 8 pouces (0,867 mètre) de profondeur, en supposant qu'on opère sur 200 livres (100 kilogrammes) de coton ; mais, comme on passe souvent à l'engallage et à l'alunage, deux parties de coton, à-la-fois, on peut donner aux chaudières 3 pieds 4 pouces (1,083 mètre) de diamètre, sur 2 pieds 8 pouces (0,867 mètre) de profondeur.

Dans la teinture en coton, on emploie généralement le sumach pour diminuer la dose de la noix de galle : il faut donc disposer deux cuviers dans le même atelier pour lessiver le sumach et fournir une infusion qu'on verse dans la chaudière d'engallage.

ARTICLE III.

Disposition de l'Atelier pour le Garançage et l'Avivage.

LORSQUE les cotons sont séchés après leur alunage, on les lave avec beaucoup de soin ; et, dès qu'ils sont secs, on procède à leur garançage.

L'atelier du garançage doit être disposé de manière que l'eau puisse couler, par sa pente naturelle, dans toutes les chaudières, et y arriver, en assez grande quantité, pour que la chaudière soit remplie en très-peu de temps.

Cet atelier doit être très-aéré, pour éviter le séjour des vapeurs incommodes, qui s'élèvent de la chaudière, incommodent les ouvriers et ne permettent pas de juger de l'état du coton.

Le sol doit en être pavé ; et on y ménagera des pentes pour que l'eau s'écoule facilement, et qu'on puisse y entretenir une propreté convenable.

Lorsqu'on peut établir une large communication entre le lavoir et l'atelier du garançage, on se donne par-là une grande facilité pour le transport du coton, l'issue des vapeurs et la surveillance des travaux.

L'étendue de cet atelier, et le nombre des chaudières qu'on doit y établir, dépendent de la quantité de coton qu'on se propose d'avoir à-la-fois en teinture. On pourra déterminer aisément les dimensions de l'atelier et le nombre des chaudières, lorsqu'on saura qu'on peut garancer 70 livres de coton (35 kilogrammes) dans une chaudière de 7 pieds 6 pouces (2,274 mètres) de longueur, sur 3 pieds 9 pouces (1,118 mètre) de largeur, et un pied 6 pouces (0,487 mètre) de profondeur ; et qu'on peut faire cinq à six garançages, par jour, dans la même chaudière.

Lorsque le coton est garancé, on le soumet à l'opération de l'avivage, pour le dépouiller de toute la partie du principe colorant qui y adhère peu, et pour lui donner l'éclat et le brillant qui appartiennent au rouge d'Andrinople.

Les chaudières d'avivage doivent donc être établies à côté des chaudières de garançage ; et il en faut deux pour chacune de ces dernières, si l'on veut qu'il n'y ait jamais d'interruption dans les travaux.

Au-dehors de la salle, sous un hangar, on place des cuviers pour lessiver les soudes, et former les lessives nécessaires aux apprêts.

Comme nous avons déjà supposé que chaque partie de coton étoit de 200 livres, une chaudière d'*avivage*, dont la forme ordinaire, dans le Midi de la France et dans les Échelles du Levant, est celle d'un œuf dont les deux bouts sont aplatis, doit avoir 3 pieds 6 pouces (1,162 mètre) de diamètre dans le fond, 4 pieds (1,325 mètre) vers le milieu, et 5 pieds (1,624 mètre) de hauteur. Voyez *fig. 6, planche 1.*

J'ai vu, dans plusieurs fabriques du Nord, des chaudières d'avivage qui ne diffèrent des chaudières rondes que par le couvercle, dont on se sert pour les recouvrir et pour empêcher que le coton ne soit poussé au-dehors par les efforts de l'ébullition.

Je crois la forme des chaudières ovales préférable, parce que le coton y est mieux baigné dans le liquide ; parce que la chaleur y est plus concentrée, et parce qu'elle présente une plus grande résistance à l'effort des vapeurs.

Non loin des chaudières d'avivage doivent être placés les cuviers nécessaires pour préparer les lessives de soude employées à cette opération.

Je crois nécessaire d'entrer dans quelques détails sur la construction des fourneaux, tant pour les chaudières de garançage que pour celles d'avivage. Non-seulement un fourneau bien construit économise beaucoup de combustible, et est d'un service facile, mais il influe encore puissamment sur la bonté d'une opération, en ce qu'il chauffe également toutes les parties du bain, et qu'on peut en maîtriser l'action à volonté.

Avant que la construction des fourneaux eût reçu les perfectionnemens qu'on lui a donnés de nos jours, on se bornoit à établir une chaudière sur quatre murs, de manière que le foyer en occupât toute la largeur et longueur, à l'exception d'environ 3 à 4 pouces (un décimètre) de chaque côté, par lesquels la chaudière reposoit sur les murs : une porte pratiquée au milieu d'un des murs des extrémités, facilitoit le service du combustible et donnoit entrée à l'air ; la cheminée étoit construite vis-à-vis et à l'autre extrémité.

On sent aisément, d'après l'idée que nous donnons de la construction vicieuse de nos anciens fourneaux, que le courant d'air qui s'établissoit entre la chaudière et le sol du foyer, entraînoit la chaleur et la précipitoit presque en entier dans la cheminée ; de sorte qu'il falloit un temps très-long et une énorme quantité de combustible pour produire une évaporation.

Le progrès des lumières, et le besoin d'économiser le temps et le combustible, ont dû apporter des changemens dans la construction des fourneaux dont nous allons nous occuper.

Une construction de fourneau ne peut être réputée bonne, qu'autant que la chaleur s'applique également sur tous les points de la surface du vase évaporatoire, et que toute celle qui se développe par la combustion est mise à profit.

On peut donc déclarer qu'il existe des imperfections :

1°. Toutes les fois qu'on ne chauffe qu'une des surfaces, parce qu'alors la masse générale du liquide ne s'échauffe qu'autant que la portion du fourneau et celle du liquide qui reçoivent directement la chaleur la lui transmettent ; de manière que l'opération est plus longue.

2°. Toutes les fois qu'on voit fumer la cheminée : car cette fumée, toute composée de corps combustibles entrainés par le courant, annonce qu'ils ont échappé à la combustion.

3°. Toutes les fois qu'on sent l'impression d'une chaleur vive dans le courant d'air qui sort par la cheminée.

En apportant quelques changemens dans chacune des parties qui composent un fourneau d'évaporation, on est parvenu à approcher de bien près de la perfection.

Lorsqu'on emploie le charbon, et que, par conséquent, il faut pratiquer un cendrier, on a soin de le rendre profond, tant pour éviter que le menu charbon qui tombe embrasé ne dilate l'air qui aborde, que pour le mettre à l'abri des courans d'air extérieurs qui, variant sans cesse de force et de direction, rendent la combustion inégale.

Le foyer et la cheminée demandent sur-tout une grande attention. La grille doit occuper les deux tiers de la longueur, et un tiers de la largeur d'une chaudière oblongue ; elle doit être placée à environ 3 pouces (un décimètre) plus bas que le niveau de la pierre sur laquelle repose la porte, de manière qu'il y ait une pente dans l'épaisseur du mur contre lequel la grille vient s'appuyer. La grille doit être formée de barres de fer posées librement et sans liens sur des soutiens de même métal placés en travers et à environ un pied de distance l'un de l'autre (en fixant ou assujétissant les barres de fer, on les expose à se tourmenter et à se déjeter par le changement de dimensions qu'elles éprouvent lorsqu'elles passent successivement du froid au chaud et du chaud au froid). La chaudière doit être placée à 12 ou 15 pouces (3 à 5 décimètres) au-dessus de la grille ; la nature du combustible détermine sur-tout la hauteur, et on la gradue selon qu'il donne plus ou moins de flamme, ou qu'il brûle avec plus ou moins d'activité.

La chaleur qui s'élève d'un foyer exerce son *maximum* d'action à une hauteur qu'il faut connoître, mais qui varie d'après les causes que nous venons d'indiquer. En général, le combustible qui développe beaucoup de flamme, exige une hauteur plus élevée ; le charbon de terre épuré et le charbon de bois en demandent une plus basse. Mais c'est toujours entre ces deux extrêmes qu'il faut prendre l'élévation convenable.

Lorsqu'on a à placer une chaudière ronde sur un fourneau, il faut encore apporter quelques modifications à la construction de ce dernier, sur-tout dans ce qui regarde l'emplacement de la grille. Dans presque tous les ateliers, on pose la chaudière, de manière que le milieu du fond réponde au milieu de la grille ; cette disposition seroit la meilleure, si la chaleur du foyer s'élevoit perpendiculairement pour frapper la chaudière ; mais le courant d'air qui entraine la flamme, et qui tend à gagner la cheminée lui donne une direction oblique ; de sorte que le courant de chaleur ne frappe que la partie de la chaudière la plus proche de la cheminée. Pour obvier à cet inconvénient, il suffit de porter la grille en avant, de manière que le bord de la grille, du côté de la cheminée, réponde au milieu de la chaudière, et que le côté de la porte du foyer soit perpendiculaire au bord antérieur. Dans cette position, la flamme qui s'élève du foyer fouette fortement contre toute la surface du fond de la chaudière avant d'aller se perdre dans la cheminée.

Mais c'est sur-tout dans la direction des cheminées qu'on a opéré, de nos jours, les plus heureux changemens : au lieu de s'élever perpendiculairement en partant du foyer, on les oblige à ceindre le flanc des chaudières et à tourner autour avant d'arriver à la cheminée perpendiculaire, qui va se perdre dans les airs ; de manière que le reste de la chaleur qui s'échappe du foyer est appliqué sur les surfaces des parois latérales des chaudières, et s'y dépose.

Quelquefois, au fond du foyer, vis-à-vis la porte, sont pratiquées deux ouvertures qui forment la naissance des cheminées tournantes, et qui viennent se réunir au-dessus de la porte du foyer en un seul tuyau, par lequel le courant d'air qui a servi à alimenter le feu, s'échappe dans l'atmosphère. Dans ce cas, la cheminée perpendiculaire est au-dessus de la porte du foyer.

Mais plus souvent le courant ne sort du foyer que par une ouverture ; alors la cheminée tournante se termine dans la cheminée perpendiculaire, à l'extrémité opposée à celle du foyer et du cendrier.

Lorsque les chaudières sont très-grandes, et qu'il est difficile, sans employer une énorme quantité de combustible, d'en échauffer la base, on y pratique encore des cheminées tournantes, qui vont s'ouvrir dans celles qui règnent tout autour.

Cette dernière construction a l'avantage de soutenir les chaudières et d'empêcher qu'elles ne se *bombent*, ce qui arrive surtout aux chaudières de plomb et de cuivre, et en occasionne une prompte destruction.

Les murs qui séparent les courans de la cheminée au-dessous de la chaudière, doivent être peu épais ; leur largeur sera à-peu-près celle d'une brique.

Au moment de placer la chaudière, on doit recouvrir la surface supérieure de ces cloisons d'une couche de lut, fait avec le crottin de cheval et l'argile pétris ensemble, pour que la chaudière touche par tous les points et que la flamme ou le courant d'air qui sort du foyer, soit forcé de parcourir toute l'étendue de la cheminée.

Le fourneau dont nous parlons en ce moment, présente sur-tout un très-grand avantage lorsqu'on se sert du bois pour combustible, parce que la flamme qu'il produit parcourt les sinuosités de la cheminée dans presque toute leur étendue ; et que la chaleur est appliquée sur toutes les surfaces de la chaudière.

ARTICLE IV.

Des Dispositions qu'il faut donner au Lavoir.

NOUS avons beaucoup parlé du lavoir, sans en déterminer la position : mais l'on a déjà senti que le lavage du coton terminant chaque opération, le lavoir doit être, pour ainsi dire, au centre de l'atelier et à côté de l'étendage.

L'eau du lavoir doit être courante sans être trop rapide ; et le volume doit en être tel, que plusieurs ouvriers puissent s'y placer, à-la-fois, sans être gênés dans leurs mouvemens.

L'eau ne doit pas avoir moins de 6 pouces (0,162 mètre) de profondeur, et il importe, pour la beauté des teintures, qu'au-dessus du lavoir, il n'y ait pas d'autres fabriques qui puissent troubler l'eau ou y mêler des matières nuisibles.

Pour approprier un lavoir à ses usages, il faut commencer par en paver le sol ; par ce moyen, on y maintient plus de propreté, attendu que le coton ne se mêle pas au limon ou à la terre qui en recouvre le fond, et que d'ailleurs il ne s'accroche plus aux objets raboteux qui pourroient s'y trouver.

On élève, sur chaque côté et à un pied (0,325 mètre) au-dessus du niveau de l'eau, un petit mur de 3 pieds (0,975 mètre) de largeur. La surface doit en être bien polie. On peut employer, à cet usage, de belles dalles ou de larges plateaux de bois qui remplacent les murs de maçonnerie.

Sur le milieu de la largeur de ces petits murs, on fixe des chevilles de bois, de forme conique et de la hauteur d'un pied (0,325 mètre), on les place à une distance de 5 pieds (1,627 mètre) l'une de l'autre, et de manière que les chevilles d'un côté correspondent vers le milieu de l'intervalle qui règne entre les chevilles du côté opposé. Chaque cheville a environ 3 pouces (environ un décimètre) de diamètre à sa base. *Voyez fig. 1, pl. 2.*

Il est prudent, sur-tout lorsque le lavoir est établi sur un courant d'eau rapide, de placer un grillage à l'extrémité, afin d'arrêter le coton qui peut être entraîné.

J'ai vu des fabriques où le lavoir étoit établi sur des eaux stagnantes : mais, dans ce cas, le coton se nettoie mal, et la couleur n'a jamais l'éclat desirable.

Comme les diverses opérations de teinture exigent des précautions bien différentes, et qu'il en est, dans le nombre, qui demandent une eau pure et tranquille, telles que celles qui ont pour but le *tirage de l'huile*, je crois qu'il est très-avantageux à une fabrique d'établir un second lavoir, qu'on réserve pour ces opérations délicates. Ce petit lavoir peut être alimenté par l'eau d'un bassin : la largeur peut se réduire à 2 pieds 10 pouces (0,921 mètre). Ce lavoir offre encore une grande ressource, lorsque les eaux de la rivière sont troubles, trop basses ou trop fortes.

ARTICLE V.

Des Dispositions à donner à l'Étendage.

LA position, l'étendue et l'exposition de l'étendage influent singulièrement sur le sort d'un établissement de teinture : car, comme dans chacune des nombreuses opérations qu'on fait subir au coton, on est obligé de le sécher après chaque opération avant de passer à une autre, il faut que l'étendage soit à portée de l'atelier, et que sa disposition, sous le rapport de l'étendue et de l'exposition, présente tous les avantages convenables pour sécher promptement, et d'une manière égale, la quantité de coton qu'on mène de front dans l'atelier.

Dans les pays du Nord, où la température, froide et constamment humide pendant six à huit mois de l'année, ne permet pas de sécher les cotons en plein air, on a recours à des étuves qu'on pratique dans l'atelier. Ces ressources de l'art sont inutiles dans le Midi, où il est rare que, même pendant l'hiver, on ne puisse pas sécher en un jour une partie de coton, sur-tout lorsque le coton est convenablement *manipulé* à l'étendage. Et c'est encore un nouvel avantage pour les teintures du Midi sur celles du Nord.

Nous devons donc nous occuper essentiellement des dispositions qu'il convient de donner à un étendage en plein air. On pourra facilement en déduire des conséquences pour les dispositions d'un étendage couvert, en observant, toutefois, que, dans ce dernier, les cotons ne peuvent être que beaucoup plus serrés, par rapport à la cherté des constructions et à la dépense du combustible.

La grandeur d'un étendage doit être proportionnée à la quantité de coton qu'on se propose de mener de front dans le même atelier ; et on peut la déterminer, par approximation, en supposant que le tiers du coton qui est en teinture, reçoit les opérations qui n'exigent pas de dessiccation : l'étendage doit donc être capable de contenir les deux tiers du coton qui est entre les mains des ouvriers. Pour calculer cette étendue, il suffit de savoir qu'il faut une surface d'environ 30,000 pieds carrés (10,000 mètres carrés) pour développer et sécher commodément 5,000 livres (250 myriagrammes) de coton à-la-fois.

Le sol qu'on destine à former un étendage, ne doit être ni humide, ni entouré de bois : dans l'un et l'autre cas, la dessiccation y seroit longue et pénible.

Mais, sans nous arrêter à tous ces petits détails, et pour bien apprécier tous les avantages et tous les inconvéniens d'un local qu'on a le projet de convertir en étendage, il suffit de savoir qu'il doit être bien exposé à l'air ; que toutes les parties de la surface doivent recevoir le soleil pendant le même temps ; qu'il doit être à portée de toutes les parties de l'atelier où l'on opère sur les cotons, etc.

Lorsqu'on a fait choix du local, on le dispose de la manière suivante : on commence d'abord par en aplanir le terrain, et arracher toutes les herbes, les arbres et arbustes. On foule le sol de manière à s'assurer que la végétation ne puisse pas s'y rétablir. On trace ensuite des lignes parallèles entr'elles et à la distance de 10 pieds 6 pouces (3 mètres $\frac{1}{2}$) l'une de l'autre. On les dirige du sud à l'est. Après avoir tracé les lignes, on plante des piquets sur toute leur longueur, à la distance de 6 pieds (2 mètres) l'un de l'autre. Ces piquets doivent être très-droits, d'une surface bien unie, d'une grosseur d'environ 4 pouces (0,108 mètre) de diamètre : ils doivent s'élever au-dessus du sol de 3 pieds 8 pouces (1,192 mètre), et le pied doit être assujéti dans une bonne maçonnerie, ou scellé dans un dé de pierre.

Le choix des bois n'est pas indifférent pour former les piquets d'un étendage : on rejettera les bois qui sont faciles à se corrompre, de même que ceux qui se gercent, qui s'ouvrent et s'écaillent par l'action successive de la chaleur et de l'humidité : ces derniers occasionneroient un déchet incalculable, en accrochant et déchirant le coton qui flotte continuellement par l'agitation de l'air ou par la manipulation de l'ouvrier.

On fixe des soliveaux parallèles au sol sur le sommet de ces piquets ; ces soliveaux, dont l'épaisseur est d'environ 4 pouces en carré (environ un décimètre), règnent dans toute la longueur de l'étendage, et sont destinés à supporter des barres mobiles dans lesquelles on passe les mateaux de coton qu'on destine à sécher.

Après avoir ainsi disposé ces soliveaux, on implante, dans la partie supérieure et à une distance de 2 pieds (0,650 mètre) l'un de l'autre, des clous de fer sans tête. Ces pointes de fer doivent être saillantes d'environ 3 pouces (0,081 mètre): elles sont destinées à recevoir et à fixer les barres qui supportent le coton, et qui, à cet effet, sont percées d'un trou à l'une de leurs extrémités.

Les barres dont nous venons de parler, doivent être d'un bois très-léger ; elles doivent avoir des surfaces très-lisses, et environ 12 pieds (environ 4 mètres) de longueur.

Chacune de ces barres peut recevoir 4 livres de coton (2 kilogrammes) ; de sorte que, pour opérer à-la-fois, dans l'atelier, sur 5,000 livres (250 myriagrammes), il en faut 1,200.

Il est nécessaire de pratiquer deux ou trois allées dans l'étendage, pour pouvoir communiquer dans les rangs, et se porter sur tous les points, sans être forcé d'entrer par l'une ou l'autre des extrémités.

Il est encore avantageux de former, au nord de l'étendage, un hangard d'environ 30 pieds (environ 10 mètres) de longueur, sur 20 (environ 7 mètres) de largeur, pour y déposer les cotons, et les mettre promptement à l'abri dans des temps d'orage, ou lorsqu'ils ne sont pas complètement séchés dans le jour. Voyez *fig. 2, pl. 2.*

Nous avons essayé de présenter, dans la *fig. 1, pl. 3*, une disposition d'atelier de teinture que nous croyons réunir les principaux avantages dont nous avons parlé.

CHAPITRE III.

Du Choix des Matières employées à la Teinture du Coton en rouge.

POUR faire de belles couleurs, il faut que toutes les matières qui entrent dans les opérations, soient d'une qualité convenable : il y a donc un choix à faire dans le nombre des matières de même espèce qu'on emploie à la teinture du coton ; et ce choix, qui, jusqu'ici, n'a été éclairé que par le résultat de l'expérience, peut être soumis à des règles invariables, et déterminé d'après des signes certains et des caractères constans.

ARTICLE PREMIER.

Du Choix de la Garance pour la Teinture du Coton en rouge.

LA garance, la plus généralement employée dans les ateliers de teinture en coton, est celle qu'on cultive dans le Midi de la France, sur-tout aux environs d'Avignon.

On expédie la garance dans des sacs de toile et en ballots du poids de 2 à 300 livres (10 à 15 myriagrammes).

Mais la garance n'est pas constamment de qualité égale : il en est qui ne présente que des racines minces et filamenteuses : outre que cette qualité donne peu de couleur, elle est sombre et rembrunie. Il en est encore qui se présente en grosses racines, dont le tissu a perdu beaucoup par la dessiccation, et qui n'offre que des tiges ridées et raccornies : celle-ci fournit une couleur pâle, où le jaune prédomine un peu trop sur le rouge.

On doit choisir, de préférence, les racines d'une grosseur médiocre, du diamètre d'un tuyau de plume, et dont la cassure offre une couleur vive, d'un jaune rougeâtre.

Les qualités de la garance proviennent, presqu'en entier, du terrain. Cette racine ne demande ni un terrain trop gras, ni un sol trop maigre : dans le premier cas, elle est trop abondante en principe extractif, elle se corrompt facilement, et se dessèche avec peine ; dans le second, elle ne donne que des brindilles on des radicules, dont le tissu, dépourvu de suc, ne fournit presque pas de principe colorant.

Souvent des vues d'un intérêt mal entendu déterminent le cultivateur à arracher la garance à la fin de sa seconde année. Mais, à cet âge, elle n'a pas acquis encore la grosseur convenable, et la couleur n'a ni l'éclat ni la solidité de celle qui a trois ans.

La garance ne se vend pas toujours en racine : on la distribue fort souvent en poudre et dans des tonneaux ; et c'est sous cette forme que l'achètent les teinturiers en laine, qui l'emploient en petite quantité : mais, dans les teintures en coton, où la consommation est énorme, on préfère de l'acheter en racine, parce qu'on juge plus facilement de sa qualité, et que, d'ailleurs, l'établissement d'une usine pour la broyer devient économique, par rapport à la quantité qu'on en consomme.

La garance de Chypre et celle de Barbarie, qu'on préfère dans quelques opérations des arts, ne m'ont pas paru présenter de grands avantages pour la teinture en coton. Celle de Barbarie, qui est en très-grosses racines, m'a fourni constamment des couleurs plus pâles que celle de Provence. Celle de Chypre, qui est plus grasse et presque pâteuse, donne des couleurs plus nourries et plus vives ; mais la différence de la couleur ne répond pas à la disproportion du prix. J'ai éprouvé que les garances étrangères ne produisoient aucune couleur que je ne pusse imiter parfaitement avec de la garance d'Avignon bien choisie et préparée avec soin.

ARTICLE II.

Du Choix des Huiles pour la Teinture du Coton.

L'HUILE est, après la garance, la matière dont la consommation est la plus forte dans une teinture de coton : sans l'huile, la couleur de la garance est maigre et peu solide.

La beauté et l'uni de la couleur dépendent essentiellement de la qualité de l'huile, et il est reconnu, parmi les teinturiers, que la matière qui influe le plus puissamment sur les couleurs de garance, c'est l'huile. Aussi emploie-t-on les plus grands soins pour approvisionner un atelier de teinture d'une huile d'olive très-propre à la teinture.

Les huiles douces, fines et légères, ne sont pas bonnes pour la teinture : elles forment, avec les soudes, une mixtion qui n'est pas durable, de manière que le coton qu'on passe dans ces lessives savonneuses, n'en est qu'imparfaitement et très-inégalement imprégné.

L'huile grasse, ou celle qu'on retire de l'olive par le secours de l'eau chaude et d'une forte pression, est la seule qu'on emploie dans les teintures. Celle-ci diffère essentiellement de l'huile vierge, en ce que, dans l'huile vierge, le principe huileux y est presque pur, tandis que, dans les *huiles de fabrique*, l'extractif se trouve mêlé avec l'élément huileux, ce qui forme une espèce d'émulsion naturelle.

Lorsque l'olive a subi une seconde pression, et qu'à l'aide de l'eau chaude on a facilité l'extraction de l'huile dont nous venons de parler, on peut, par une pression encore plus forte, exprimer une troisième sorte d'huile, qu'on appelle *huile de force*. Celle-ci, outre le principe extractif, contient encore un peu de principe ligneux ou fibreux, et ne fournit à la teinture qu'une couleur sale et poisseuse qu'il est impossible d'aviver.

L'huile propre à la teinture nous est envoyée de la rivière de Gênes, sous le nom d'*huile de teinture* ou d'*huile de fabrique* : elle est expédiée dans des futailles qui en contiennent 10 à 12 quintaux (50 à 60 myriagrammes).

On achète aussi, pour le même usage, l'huile de Languedoc et de Provence, qui présente les mêmes avantages lorsqu'elle est extraite par les mêmes procédés.

Mais, très-souvent, on vend, pour *huile de teinture*, des huiles qui ne sont pas propres à ses opérations : et il importe que le teinturier puisse, d'après des essais faciles, s'assurer de la bonne ou de la mauvaise qualité de celle qu'on lui propose.

Le moyen le plus simple et en même temps le plus sûr de constater la qualité d'une huile, est le suivant : on fait couler dans un verre quelques gouttes de l'huile dont on veut reconnoître la qualité ; on verse, par-dessus, de la lessive de soude d'Alicante, à un ou deux degrés du pèse-liqueur de Baumé : le mélange devient d'un blanc laiteux ; on transvase, plusieurs fois, cette liqueur savonneuse, d'un verre dans un autre, et on place le verre sur une table pour laisser reposer la liqueur : l'huile est déclarée bonne si, après un repos de quelques heures, la liqueur reste blanche et savonneuse : elle est réputée mauvaise lorsqu'elle monte à la surface du liquide sous forme de gouttelettes, ou lorsque le mélange laiteux s'éclaircit et devient un peu trouble et opaque, ou bien enfin lorsqu'il se forme, à la surface du liquide, une couche d'un savon mou, tandis que le reste de la liqueur prend la couleur du petit lait mal clarifié.

Cette simple expérience suffit pour reconnoître si une huile dont on veut constater la qualité, se mêle bien avec la soude, et forme avec elle une combinaison durable, et c'est là ce qu'il importe de savoir, afin que les cotons qu'on doit passer dans cette lessive s'imprègnent également du principe huileux. Dans ce cas, on peut se promettre des couleurs bien nourries, bien unies et très-vives, tandis que, si l'huile se dissout mal dans la lessive et ne s'y conserve pas dans un bon état de combinaison, l'huile sera inégalement répartie sur le coton, et l'on n'obtiendra que des couleurs bigarrées.

La préparation d'une lessive qu'on forme pour essayer une huile, n'est pas indifférente au résultat : en général, on prend de la bonne soude d'Alicante grossièrement concassée, sur laquelle on verse de l'eau pure ; on laisse reposer pendant quelques heures, et, lorsque l'eau de soude marque un degré au pèse-liqueur de Baumé, on la mêle avec l'huile.

Les soudes de qualité inférieure ne peuvent pas servir à ces usages, ni les lessives dont la concentration surpasse deux à trois degrés du pèse-liqueur.

ARTICLE III.

Du Choix des Soudes pour la Teinture du Coton en rouge.

LA soude est employée dans les premières opérations de la teinture en rouge et dans les dernières : dans celles-ci, elle sert à aviver les couleurs et à dépouiller les cotons de la portion du principe colorant qui n'y est pas adhérente, tandis que, dans les premières opérations, elle est employée d'abord pour décruer le coton, et ensuite pour dissoudre l'huile et en rendre l'application facile et égale sur toutes les parties.

La consommation de la soude est donc très-considérable et très-importante dans une teinture en rouge, et un teinturier ne sauroit trop s'appliquer à faire choix d'une bonne et excellente qualité.

Nous connoissons dans le commerce quatre à cinq sortes de soudes également employées dans les arts : mais chacune d'elles a ses usages marqués, et on ne peut pas les remplacer, sans inconvénient, l'une par l'autre.

La première qualité de soude du commerce, est celle qui porte le nom de *soude d'Alicante* : elle nous arrive en gros blocs, du poids de 8 à 900 livres (40 à 45 myriagrammes), enveloppés dans des nattes de joncs.

Cette soude est très-dure, grise à l'extérieur, plus noire à l'intérieur : elle casse net ; les fragmens présentent des arêtes très-vives et des angles très-tranchans.

Elle se dissout avec quelque peine sur la langue, et se pénètre d'eau très-lentement : des morceaux gros comme des noix, mis dans une jarre qu'on remplit d'eau et qu'on vide, à plusieurs reprises, dans l'espace d'un mois, en sont retirés, sans qu'ils aient encore fourni tout leur alkali, et quelquefois même sans que le liquide ait pénétré jusqu'au centre, pourvu toutefois que la dissolution se fasse tranquillement et sans une forte agitation de la liqueur et de la soude.

La soude d'Alicante est la seule qu'on emploie dans la teinture en coton ; mais il faut la conserver dans un lieu sec, pour qu'elle n'effleurisse pas ; car, dans ce dernier état, on ne peut pas s'en servir en teinture.

Pour que la soude d'Alicante réunisse les propriétés qu'on doit désirer, il faut d'abord que la plante qui la fournit ne soit brûlée et coupée que lorsqu'elle est parvenue à une maturité parfaite ; c'est-à-dire, vers la fin de l'été. Il paroît, en effet, que la soude n'est formée que lorsque la végétation de la plante a cessé : jusques-là, la soude qui provient de la combustion, quoiqu'ayant toutes les apparences extérieures de la bonne soude, n'en produit pas les effets.

Ces divers états des sels dans la même plante, à différentes époques de la végétation, n'ont pas été suffisamment observés par les chimistes ; c'est cependant l'étude la plus directe pour connoître la formation et la transformation des matières salines ; j'eusse moi-même poursuivi ces recherches, si je ne m'étois pas éloigné des lieux où, par la proximité de la mer, elles me devenoient plus faciles. Je me bornerai à consigner ici deux faits qui sont parvenus à ma connoissance.

Pendant la guerre de la révolution, l'impossibilité de pourvoir nos ateliers de soude d'Alicante, et la difficulté de l'y remplacer par une autre espèce qui présentât les mêmes avantages, nous avoit forcés, dans le Midi, à ralentir nos travaux de teinture. Lorsque la paix rouvrit nos communications avec l'Espagne, le fabricant de soude qui connoissoit nos besoins, en hâta la récolte sur plusieurs points, de manière que les plantes furent coupées et brûlées avant leur maturité. J'achetai moi-même le premier chargement de soude qui parut dans nos ports ; mais je ne pus jamais l'employer aux opérations de ma teinture, et fus obligé de la vendre, à bas prix, pour servir aux verreries en verre vert.

Il paroît que ce travail des sels par la végétation et leur différence de nature dans les diverses saisons de l'année, s'observent dans d'autres plantes que celles qui donnent la soude : on sait que presque tout le sulfate de soude employé dans le Midi, provient de la lessive des cendres du tamarisc ; mais on ignore généralement que le tamarisc ne fournit pas ce sel dans toutes les saisons. Si on le brûle en pleine sève ou dans le fort de sa végétation, la lessive des cendres laisse exhaler, pendant l'évaporation, une odeur très-forte de gaz hydrogène sulfuré, et on n'obtient presque pas de sulfate ; mais, lorsqu'on coupe la plante à la fin de l'été, alors presque toute la cendre se convertit en sulfate. Il paroît donc que l'acide sulfurique se forme par l'acte même de la végétation. Mais d'où provient le soufre ? Je laisse la solution de cette question à l'observateur zélé, qui, étudiant les opérations de la nature dans toutes ses métamorphoses, pourra la prendre sur le fait.

On cultive, sur les bords de la Méditerranée, un salicor qui fournit une assez bonne soude, connue sous le nom de *soude de Narbonne* : néanmoins elle est très-inférieure à celle d'Alicante. On pourroit en remplacer la culture par la plante qui fournit la soude d'Alicante. Les expériences que j'ai faites, à ce sujet, ne laissent aucun doute, et l'on peut en voir les détails à l'article *Soude* de ma *Chimie appliquée aux Arts*.

Presque par-tout, sur les bords de la mer, on brûle les plantes salées qui y croissent, pour en former de la soude.

Dans le Midi, la soude qui provient de la combustion de presque toutes les plantes qui croissent sur les bords de la Méditerranée, entre le port de Cette et Aigues-Mortes, est connue sous le nom de *blanquette*.

Dans le Nord, on brûle des *fucus*, des *warecs*, pour former la soude qu'on appelle *soude de warec*.

Ces dernières qualités sont médiocres, et ne peuvent servir que pour des opérations peu délicates.

On connoît encore dans le commerce le *natron* et les *cendres de Sicile*, qui tiennent le milieu entre les soudes d'Espagne et les indigènes.

Chacune de ces diverses soudes a ses usages : on pourroit sans doute, par des opérations chimiques, dégager la soude proprement dite de toutes les matières étrangères qui lui sont unies ; mais, dans les arts, ces travaux dispendieux ne peuvent s'appliquer qu'aux seuls cas où il faut des matières de première qualité ; c'est pour cela qu'on ne purifie les soudes que pour les employer à la fabrique des glaces, et à un petit nombre d'opérations extrêmement délicates. Il ne faut pas perdre de vue d'ailleurs que dans quelques arts, tels que ceux de la verrerie, la soude agit, non-seulement par son principe alkalin, mais encore par ses principes terreux qui entrent dans la composition du verre.

On pratique déjà, avec le plus grand succès, l'extraction de la soude par la décomposition du sulfate ou du muriate de soude, et l'on emploie par-tout, pour intermède, la craie ou le fer : mais, dans ce cas, la soude qui provient de ces opérations demande à être purifiée avec le plus grand scrupule avant d'être employée dans les teintures, car il est à craindre qu'il n'y reste quelques atomes de chaux ou de fer, et l'on sait que ces deux matières sont deux ennemis perfides de la teinture en rouge.

Au reste, lorsqu'on a de la bonne huile dans une teinture, on peut éprouver les soudes, en formant à froid une lessive qui marque un ou deux degrés, et en la mêlant avec l'huile : la soude est bonne si le mélange fournit une liqueur savonneuse très-blanche, bien opaque, et si elle conserve cette consistance pendant plusieurs jours sans altération dans la couleur. La soude est mauvaise, au contraire, si, peu de temps après le mélange, la liqueur s'éclaircit et présente une couche savonneuse à la surface.

ARTICLE IV.

Du Choix de l'Alun pour la Teinture du Coton en rouge.

ON connoît plusieurs espèces d'alun dans le commerce : l'emploi de l'une ou de l'autre est presque indifférent dans les opérations de plusieurs arts, comme, par exemple, dans la teinture en laine, d'après les expériences faites aux Gobelins par MM. Thenard et Roard. Mais, dans la teinture en coton, l'observation a prouvé qu'on ne pouvoit pas se servir indistinctement de tous les aluns du commerce, sur-tout lorsqu'il s'agit d'obtenir des couleurs rouges qui aient beaucoup d'éclat. Le plus léger atome de fer nuance cette couleur et la fait tourner au violet.

On a beaucoup écrit sur les causes de la variété qu'on observe dans les aluns : les uns l'ont attribuée au degré de pureté dont ils jouissent, d'autres l'ont rapportée aux proportions qu'ils ont cru devoir être très-variables dans les principes constituans.

Sans doute, le mélange des matières étrangères doit modifier l'effet de l'alun : ainsi quelques atomes de fer dissous dans ce sel doivent nécessairement altérer toutes les couleurs où l'alunage succède à l'opération de l'engallage : d'un autre côté, le sulfate de chaux qui peut se trouver mêlé en petite quantité avec le sulfate d'alumine, ternit et *avine* le rouge d'une manière frappante.

En précipitant l'alumine d'une dissolution d'alun par l'ammoniaque (alkali volatil), on reconnoît aisément la pureté des aluns. Car l'alumine précipitée de celui de Rome reste blanche, tandis que celle de l'alun de Liège devient grisâtre. Aussi MM. Thenard et Roard ont-ils démontré, par l'analyse comparée de six aluns du commerce, que leur principale différence provenoit des proportions dans lesquelles le fer y est contenu. Celui de Rome leur a paru le plus pur ; mais ils ont prouvé que tous pouvoient être ramenés au même degré de pureté par une simple dissolution et une nouvelle cristallisation.

L'alun de Rome est, à peu de chose près, naturellement exempt de fer, parce que la pierre qui le fournit a déjà subi une calcination dans les entrailles de la terre, et qu'on lui en applique une seconde pour en faciliter la lixiviation, ce qui a l'avantage de décomposer les sulfates de fer.

M. Gay-Lussac, qui a suivi sur les lieux l'opération de la calcination, s'est convaincu qu'il se dégageoit de l'acide sulfureux et de l'oxigène, ce qui annonce la décomposition d'une portion de l'acide sulfurique. Dans les autres fabriques d'alun, on se borne à calciner une seule fois le minerai, et on le lessive pour en retirer l'alun qui s'est formé ; de sorte que tous les sulfates produits par cette première calcination, se trouvent dans les lessives, et se mêlent à l'alun lorsqu'on le fait cristalliser.

La chimie est parvenue aujourd'hui à fabriquer l'alun de toutes pièces, par la combinaison directe de l'acide, de l'alumine et de la potasse. J'ai été un des premiers à former des établissemens de ce genre, et la simplicité de mes procédés m'a constamment permis de concourir avec les entrepreneurs de l'exploitation des mines d'alun. Je ne doute pas que, dans quelques années, l'alun de fabrique ne suffise à tous nos usages. On peut consulter ce que j'ai dit sur l'art de fabriquer l'alun, dans ma *Chimie appliquée aux Arts*.

D'après les essais nombreux que j'ai faits des aluns, celui de Rome et ceux de fabrique bien préparés m'ont paru d'un égal mérite. L'alun du Levant vient après ces premiers : celui qu'on extrait chez nous et ailleurs, par la décomposition des schistes pyriteux et alumineux, tient le dernier rang ; mais il suffit de le dissoudre et de le faire cristalliser une seconde fois pour qu'il acquière les propriétés du meilleur alun.

ARTICLE V.

Du Choix de la Noix de galle pour la Teinture du Coton en rouge.

LE commerce connoît quatre principales qualités de noix de galle : 1°. les galles noires ; 2°. les galles en sorte ; 3°. la galle d'Istrie ; 4°. les galles blanches et légères.

Les galles noires sont préférables à toutes les autres : elles sont de la grosseur de noisettes, de couleur d'un gris noirâtre, très-pesantes et très-difficiles à concasser. Elles donnent plus de fond et plus de solidité aux couleurs ; mais elles sont plus chères et en même temps plus rares, sur-tout sans être mélangées.

On emploie généralement la galle en sorte dans les teintures de coton ; et on connoît, sous ce nom, un mélange de galle noire avec une galle blanche également dure et pesante. La galle en sorte est d'autant plus estimée, qu'elle présente plus de galle noire dans son mélange.

La galle d'Istrie est épineuse sur toute sa surface ; elle est plus légère que les précédentes, et ne fournit ni le même fond de couleur, ni le même éclat.

La quatrième espèce de galle est celle du pays : elle vient abondamment en Provence, en Languedoc, sur-tout en Espagne. La surface est lisse ; elle est plus grosse et plus légère qu'aucune des précédentes, l'enveloppe en est très-mince.

On ne peut employer ces deux dernières qualités, qu'en les mêlant avec les premières.

Dans presque toutes les teintures en coton, on est aujourd'hui dans l'usage de mêler le sumach à la galle, tant pour diminuer la dose de cette dernière, que pour *roser* un peu la couleur rouge. On l'achète en feuilles dans le Midi, et on ne prend que les jeunes pousses de l'année. On en trouve aussi, à Marseille et ailleurs, en poudre et dans des sacs : mais ce dernier provient quelquefois de la mouture des grosses tiges qui n'ont pas, à beaucoup près, la vertu des feuilles et des rejetons de l'année.

ARTICLE VI.

Du Choix du Sang pour la Teinture du Coton en rouge.

LE sang a le double avantage de donner à la couleur de la garance un fond plus riche et plus vif, et d'en augmenter la solidité. Tout le monde sait que le fil ou le coton trempé dans le sang, et séché, contracte une couleur qu'on a de la peine à enlever par l'eau ; et aucun teinturier n'ignore que les cotons teints sans l'emploi du sang dans le garançage, prennent une couleur pâle, terne, sèche, qui n'est nullement comparable à celle que présentent les mêmes cotons lorsqu'on mêle du sang au garançage.

On emploie, de préférence, le sang de bœuf ; mais cette préférence n'est due qu'à ce qu'il est plus commun et moins recherché comme aliment que celui de quelques autres animaux.

Le sang se corrompt aisément et il se décolore. Pendant l'été, on éprouve beaucoup de peine à le préserver de l'altération, quoiqu'on le conserve dans de grandes jarres enfouies dans la terre : je me suis bien trouvé d'y mêler, dans cette saison seulement, un peu de dissolution d'alun. Par ce moyen, on peut le préserver de toute dégénération pendant long-temps, sans lui rien ôter de ses vertus.

J'ai essayé de remplacer le sang par des dissolutions de colle-forte et par d'autres extraits de substances animales ; mais il s'en faut que j'aie obtenu les mêmes résultats : cependant l'usage de ces matières animales ne peut pas être regardé comme indifférent ; l'effet qu'elles produisent, quoique inférieur à celui du sang, mérite qu'on en fasse usage dans tous les cas où l'on ne peut pas se procurer cette liqueur animale.

J'ai vu encore employer une légère infusion de noix de galle pour tenir lieu du sang : mais cette ressource ne peut pas être comparée à celle que présentent les colles et les autres extraits animaux.

CHAPITRE IV.

Des réglemens qu'il convient d'établir dans un Atelier de Teinture en Coton[1].

PERSONE n'a pu travailler, pendant quelque temps, dans un atelier, sans se convaincre que le sage emploi du temps et la répartition bien entendue des travaux sont les premiers élémens de sa prospérité. On peut avancer comme vérité fondamentale, que le succès d'un établissement dépend peut-être moins de la perfection des produits et de la science du directeur, que du régime et de l'administration de l'intérieur de la fabrique ; et je déclare qu'une expérience de trente années d'étude, d'observation et de pratique dans les arts, m'a présenté un plus grand nombre d'établissemens ruinés par inconduite ou par une administration vicieuse, que par défaut de lumières.

Dans les filatures de coton, on est dans l'usage de former des écheveaux de 300 aunes (environ 360 mètres) de fil, et de les lier chacun avec un fil. La livre de coton contient donc un nombre d'écheveaux d'autant plus grand que le fil est plus fin. C'est cette variété dans le nombre des écheveaux par livre de coton, qui fait qu'on classe et distingue les cotons par *numéros*. Ainsi la finesse de la filature est classée par *numéros* ; et la filature la plus fine est distinguée par les *numéros* les plus élevés.

Pour disposer le coton à la teinture, et en rendre le travail plus facile, on est obligé de couper les premiers liens de chaque écheveau, et de les remplacer par des liens plus lâches ; sans cela, le coton sortiroit chiné du bain de teinture, parce que les mordans et la couleur ne pourroient pas pénétrer sous les liens.

On réunit par un lien commun un nombre suffisant d'écheveaux pour former un quart de livre, de manière que, lorsque le coton est livré au teinturier, il est disposé en petits mateaux, dont chacun pèse un quart de livre ; et chaque partie de coton qu'on confie au même ouvrier, est du poids de 200 livres (100 kilog.). Cette quantité ne pourroit être ni excédée ni diminuée sans inconvénient, attendu qu'elle ne présente pas un trop grand volume, qu'elle peut être traitée en assez peu de temps pour que l'ouvrier n'en soit pas fatigué, et que ceux des mordans qu'on applique chauds, ne perdent pas la chaleur qu'on leur a donnée, avant que l'opération qu'on fait subir au coton soit terminée. En outre, les dimensions des appareils, le poids des matières, tout se calcule sur cette quantité de coton, et il seroit très-désavantageux de ne pas opérer invariablement sur ce poids.

On est dans l'usage d'associer deux ouvriers au même travail, et de leur confier une quantité suffisante de coton, sur laquelle ils opèrent chaque jour jusqu'à ce que la teinture soit parfaite : ces deux ouvriers peuvent conduire aisément à-la-fois quatre parties de coton de 200 livres chacune. On leur adjoint ordinairement une femme, tant pour les aider à transporter les cotons des salles à l'étendage et au lavoir, que pour surveiller et travailler ces mêmes cotons à l'étendage et dans les salles, à mesure que les ouvriers les passent aux apprêts et aux mordans.

Chaque paire d'ouvriers a ses cuviers, ses jarres et une place à l'étendage qui lui est affectée.

Lorsqu'on délivre une partie de coton, on donne à l'ouvrier une carte qui porte la date du jour, le numéro du coton, l'indication de la couleur, etc. et l'ouvrier a l'attention de placer cette carte sur les jarres de lessive, qui sont affectées à cette partie de coton ; de sorte qu'il ne peut jamais y avoir ni erreur, ni désordre.

Lorsqu'on considère l'énorme quantité de coton qu'on mène de front dans un atelier, le grand nombre d'opérations qu'on fait subir à chaque partie, les transports et les déplacemens fréquens qui ont lieu, on doit craindre, à chaque instant, qu'il n'y ait mélange ou confusion, que les apprêts destinés pour une partie ne soient donnés à une autre, en un mot, qu'on ne change ou n'intervertisse l'ordre des opérations. On doit donc être peu étonné de voir que nous insistons sur de petits détails en apparence.

C'est d'après les mêmes considérations que je présenterai encore ici quelques observations, tant sur les divers moyens de traiter avec l'ouvrier, que sur l'importance de la manipulation dans une teinture.

J'ai vu traiter avec les ouvriers de deux ou trois manières différentes : les uns conviennent avec les ouvriers d'un salaire déterminé par jour, par mois ou par année ; les autres traitent à forfait avec eux, et stipulent un prix quelconque pour chaque partie de coton ; d'autres enfin ne tiennent compte à l'ouvrier que de ses journées de travail effectif. Ce dernier mode est le plus mauvais de tous, en ce que souvent l'état inconstant du ciel ne permet de se livrer au travail que quelques heures par jour, par rapport au besoin où l'on est de sécher à l'étendage ; cependant ces quelques heures sont un temps précieux et irréparable, soit pour aérer des cotons qui s'échauffent, soit pour terminer une dessiccation commencée. D'ailleurs l'ouvrier, incertain d'un salaire qui lui-même dépend de l'état trop incertain de l'atmosphère, ne tarde pas à abandonner un atelier où il ne trouve qu'une existence précaire.

Le second mode est encore vicieux, en ce que l'ouvrier qui a un ouvrage à forfait, s'occupe moins de donner une bonne qualité à ses produits, que d'assurer une grande fabrication. À la vérité, on peut convenir de la quantité de coton qu'il pourra mener de front ; mais il est impossible de prévenir les cas où il travaillera des cotons encore humides ou séchés inégalement, et il est à craindre qu'il ne soigne pas convenablement les opérations aussi nombreuses que délicates, qui constituent la teinture. On a toujours à regréter de mettre l'intérêt du fabricant en opposition avec celui de l'ouvrier, et c'est néanmoins ce que présentent presque tous les traités à forfait. Ces sortes d'engagemens ne peuvent convenir dans les fabriques, que pour ces cas très-rares, où les différentes méthodes qu'on peut employer pour arriver à un résultat, n'offrent aucune chance ni à la ruse ni à l'erreur.

Il m'a paru constamment que le seul moyen de traiter avec l'ouvrier, de manière à concilier son intérêt et celui du fabricant, étoit de convenir avec lui d'un traitement fixe pour un temps déterminé : dans cette position, l'ouvrier se met à la disposition du chef de la fabrique, il se conforme sans répugnance à ses volontés ; et, s'il fait moins de travail, il le fait du moins toujours à propos.

La couleur bien unie qu'on obtient si rarement dans la teinture du coton en rouge dépend essentiellement du degré d'habileté avec laquelle l'ouvrier manipule les cotons : cet art des manipulations présente bien des difficultés, et il faut un assez long apprentissage pour former un bon ouvrier en ce genre.

Nous pouvons réduire à quatre opérations principales tout ce qui tient aux manipulations.

1°. La manipulation du coton aux apprêts et aux mordans.

2°. La manipulation à l'étendage.

3°. La manipulation au lavoir.

4°. La manipulation au garançage et à l'avivage.

1°. Lorsqu'on passe les cotons aux apprêts ou aux mordans, il faut en imprégner tous les fils bien également, et les exprimer ensuite de façon qu'ils restent tous mouillés au même degré ; sans cela, la couleur ne présentera qu'une bigarrure.

Pour arriver à ce but, lorsqu'on passe une partie de coton, l'ouvrier commence par puiser dans sa jarre, pour verser dans la terrine la quantité de mordans ou de lessive qui est nécessaire pour imprégner deux livres de coton. Il prend alors une livre de coton de chaque main, qu'il présente perpendiculairement au-dessus de la terrine qui contient la liqueur (*Voyez fig. 1, pl. 4*) ; il plonge le coton dans le liquide : il tient alors chaque mateau entre l'index et le pouce, déploie les autres doigts, et presse de toute la main sur le coton, en le foulant fortement et dans tous les sens (*Voyez fig. 2, pl. 4*). L'ouvrier se redresse, conserve le coton perpendiculairement (*Voyez fig. 3, pl. 4*) ; il déplace ses mains pour saisir le coton dans une autre partie, et il le plonge et foule de nouveau ; il se redresse, foule encore et renouvelle cette manœuvre trois à quatre fois. Ces soins extrêmes sont nécessaires pour que le coton boive ou s'imbibe également.

Cela fait, il dépose un des deux mateaux sur le bord de la terrine, prend l'autre avec les deux mains et en exprime une partie avec force. En cet état, il l'accroche à la cheville par la partie exprimée ; et, en prenant le mateau avec les deux mains, par l'autre extrémité, il le tord et en exprime tout le mordant qui y est en excès. *Voyez fig. 4, pl. 4.*

Il jette ensuite le mateau sur la table, et fait la même opération sur le second.

À mesure que les deux ouvriers passent leur coton, la femme qui est associée à leurs travaux, prend les mateaux, en saisit un de chaque main, les agite circulairement dans l'air, et les laisse tomber sur la table sans effort, mais sans les abandonner ; elle tord ensuite un des bouts, et les empile sur un bout de la table, pour les y laisser jusqu'au lendemain. On appelle cette dernière opération, dans le Midi, *friser* le coton, *ouvrir* le coton. *Voyez fig. 5, pl 4.*

2°. Le coton se transporte à l'étendage sur des brouettes garnies de toile, pour que le coton ne s'accroche pas. On met 4 livres (2 kilog.) de coton à chaque barre ; et, comme il importe qu'il sèche bien également et promptement, on le distribue sur la longueur des barres avec le plus grand soin : à cet effet, on passe les deux mains dans chaque quart de livre de coton, on presse fortement en bas du revers de la main gauche, et l'on porte en haut la main droite avec force et précipitation. Après avoir répété ce mouvement brusque de la main droite, à deux ou trois reprises, les fils se trouvent distribués également sur la barre.

Malgré ces précautions, le coton sécheroit inégalement si on n'avoit pas l'attention de retourner de temps en temps les barres sur elles-mêmes, pour que le coton présente successivement au soleil toutes ses surfaces.

3°. Le coton qu'on doit laver est ou sec ou humide : il est sec dans les deux cas suivans : 1°. lorsqu'on le lave pour le *tirer* ou le *sortir* de ses huiles ; 2°. lorsqu'après l'alunage on le lave encore pour le porter au garançage. Il est humide lorsqu'après le garançage, ou l'avivage, on le porte à l'eau pour le nettoyer ou le dégorger.

Dans le premier cas, on met le coton sur l'eau, et on l'y plonge avec les pieds pour l'y retenir et l'y fouler jusqu'à ce qu'il soit imprégné par-tout. On reconnoît que le coton est convenablement humecté lorsqu'il reste sous l'eau et qu'aucun écheveau ne monte à la surface, ou bien lorsqu'en exprimant le coton, l'eau s'en échappe par tous les points et non en gouttelettes.

Dans le second cas, il ne s'agit que de présenter le coton au courant de l'eau, et de l'y agiter jusqu'à ce qu'elle n'en soit plus colorée.

Dans les deux cas, on exprime le coton à l'aide de chevilles qui sont disposées sur le bord du lavoir.

4°. Lorsqu'on dispose le coton pour le garançage, on commence par *passer le coton en bâton*, c'est-à-dire, qu'on met une livre $\frac{1}{2}$ ($\frac{3}{4}$ de kilogramme) de coton dans une corde de la grosseur du petit doigt, et longue de 3 pieds (un mètre). On noue les deux bouts de cette corde, on passe une barre dans deux de ces cordes ainsi chargées (ces barres doivent être assez fortes pour soutenir le poids dans la chaudière, et assez longues pour reposer en travers sur les deux côtés).

Lorsque le bain de garance est tiède, on y plonge le coton passé dans les barres. On en met jusqu'à 76 livres (36 kilogrammes environ) par garançage, dans les chaudières dont nous avons déjà fait connoître les dimensions.

On retourne le coton avec soin, en allant d'une extrémité de la chaudière à l'autre : à cet effet, deux hommes soulèvent chaque barre en la prenant d'une main par les deux bouts, et l'un d'eux passe un bâton pointu dans le coton, en glissant sous la barre, tandis que l'autre prend le bâton par l'autre bout : ils soulèvent alors le coton qu'ils changent de place en le faisant tourner sur la barre.

Cette manipulation s'exécute sans interruption, jusqu'à ce que le bain soit en ébullition. Alors on passe des barres plus fortes dans les cordes, on appuie ces barres sur la chaudière, et on entretient l'ébullition, en observant de faire plonger le coton dès qu'il se montre à la surface.

On arrête le feu, et on retire le coton de la chaudière du moment que le bain est devenu clair ou d'un jaune pâle.

On doit encore observer que, pour que le coton ne se mêle pas dans l'opération du décrûment, ou dans l'avivage, on prend un quart de coton, on le passe dans les autres trois quarts, et on replie les deux extrémités de ces derniers, qu'on passe dans le reste du mateau. Par ce moyen, les mateaux tournent dans la chaudière, y sont agités en tout sens sans se mêler.

↑ Tous les détails que je donne dans ce chapitre sont puisés dans ce qui se pratique dans les établissemens du Midi, ou bien ils m'ont été fournis par ma propre expérience.

On pourra trouver de la différence entre ce que je dis et ce qui se pratique dans quelques teintures ; mais on aura alors l'avantage de pouvoir comparer les méthodes, et de prendre celle qui paroîtra réunir le plus d'avantages.

CHAPITRE V.

Des Préparations du Coton pour la Teinture en rouge.

À Andrinople, d'où la teinture du coton en rouge a été portée en France, ainsi que dans les procédés perfectionnés qu'on exécute aujourd'hui dans les ateliers français, tout l'art de la teinture du coton en rouge consiste à imprégner d'huile le coton, à l'engaller, à l'aluner, à le garancer et à aviver la couleur. Il n'y a de différence que dans la manière de conduire les opérations, dans les proportions des ingrédiens, et dans l'ordre dans lequel on fait succéder les manœuvres.

Je commencerai par décrire le procédé que j'ai constamment pratiqué dans mes ateliers ; je n'en ai pas connu jusqu'ici qui ait donné ni de plus belles, ni de plus vives, ni de plus solides couleurs.

Nous réduirons à quatre opérations principales tout ce qui regarde la teinture du coton en rouge, et nous les désignerons par les mots suivans : 1°. les apprêts ; 2°. les mordans ; 3°. le garançage ; 4°. l'avivage.

ARTICLE PREMIER.

Des Apprêts dans la Teinture du Coton en Rouge.

LES apprêts se donnent au coton avec des liqueurs savonneuses : mais, pour le rendre plus perméable à ces liqueurs, on commence par le *décruer*. Sans cette opération préalable, le coton s'imprègne difficilement et très-inégalement, de manière qu'on obtient des couleurs nuancées de plusieurs teintes.

Le décrûment se donne au coton dans une lessive de soude qui marque environ deux degrés. On porte le bain à l'ébullition, et on y plonge le coton, qu'on presse et foule dans la liqueur pour l'en bien imbiber. Le coton plonge d'abord difficilement ; il revient même à la surface à mesure qu'on l'enfonce dans le bain ; mais, dès qu'il est bien pénétré par la liqueur, il gagne le fond. On le laisse dans le bain qui est en ébullition, pendant demi-heure. On lave le coton décrué et on le sèche.

On emploie ordinairement pour le décrûment les soudes qui ont servi dans la préparation des apprêts ; de cette manière, on les épuise de tout l'alkali qu'elles peuvent contenir. La lessive doit être très-claire ; sans cela, le coton prend une teinte grisâtre qu'il perd difficilement.

On se sert assez généralement d'une chaudière de garançage pour décruer le coton ; et on fait succéder cette opération à une opération de garançage, parce que, par ce moyen, il y a économie de combustible.

Il est à observer que les cotons filés aux mécaniques ont moins besoin de décrûment que les cotons filés à la main : la raison en est que les premiers ont déjà reçu un véritable décrûment dans la liqueur savonneuse par laquelle on les dispose à la filature.

Dès que le coton décrué est sec, on le porte dans la salle aux apprêts.

Le premier apprêt, qu'on nomme aussi la *première huile*, se prépare de la manière suivante :
En supposant toujours que chaque partie de coton est du poids de 200 livres (10 myriagrammes), le chef-ouvrier verse dans la jarre où se compose ce premier apprêt, environ 300 livres (15 myriagrammes) de lessive de soude très-claire, et marquant un à deux degrés au pèse-liqueur de Baumé. (On doit s'être assuré d'avance que cette lessive se mêle bien à l'huile.) Il mêle à cette lessive 20 livres (un myriag.) d'huile, et il agite avec soin le mélange pour opérer une bonne combinaison. Il délaie ensuite avec un peu de lessive environ 25 livres (12 kilogrammes $\frac{1}{2}$) de la liqueur qui se trouve dans les premières poches de l'estomac des animaux ruminans, il verse le tout dans la jarre qui contient la liqueur savonneuse, et remue avec beaucoup de soin pour opérer un mélange parfait.

Dès que la jarre est montée, les ouvriers *passent* leur coton avec les précautions que nous avons indiquées au chapitre IV.

On laisse le coton dans la salle aux apprêts jusqu'au lendemain.

On le porte à l'étendage pour le faire sécher ; et, lorsqu'il est sec, on le passe à une lessive de soude, marquant un degré et demi ou deux degrés au plus.

Après l'avoir séché une seconde fois, on le passe à une autre lessive, marquant deux degrés.

Il est à observer qu'on gradue successivement la force des lessives, en l'augmentant de demi-degré à chaque *passe*.

Lorsqu'on a donné deux lessives au coton, immédiatement après la première huile, et séché le coton après chacune de ces trois opérations, on prépare un second bain d'huile, en employant le même procédé que pour le premier, avec la seule différence qu'on supprime l'humeur *gastrique* dans celui-ci. Ainsi on compose cette liqueur savonneuse ou cette *seconde huile*, en versant environ 300 livres (15 myriagrammes) de lessive à un degré sur le peu de résidu de la première huile qui peut rester dans la jarre, et en y mêlant 16 livres (8 kilogrammes) de nouvelle huile.

On passe le coton, avec le même soin, dans cette seconde huile. On le sèche : on lui donne successivement deux lessives un peu plus fortes que les deux de la première huile. Dès qu'on a donné ces deux huiles et les lessives qui leur succèdent, on dispose le coton à recevoir les mordans par un bon lavage. À cet effet, on plonge le coton dans une eau tranquille, et on l'y foule doucement avec les pieds nus jusqu'à ce qu'il ne s'élève plus à la surface. En cet état, l'ouvrier le soulève et le dépose sur les bords du bassin où se fait le lavage ; il le prend ensuite mateau à mateau, et le plonge sous l'eau, où il l'agite pendant quelque temps. Il le reporte encore sur les bords du bassin, et, lorsqu'il a opéré de cette manière sur toute la partie, il recommence et réitère l'opération trois ou quatre fois avant de tordre le coton à la cheville. On termine cette opération par faire sécher le coton à l'étendage.

Cette opération est extrêmement importante : le coton doit être convenablement dépouillé sans être appauvri. Si le lavage n'entraîne pas tout ce qui n'est pas adhérent au tissu, on emploie ensuite, à pure perte et au détriment de la couleur, une grande partie des mordans, parce qu'ils se portent sur un corps qui, n'étant pas uni au coton, s'en échappera par les lavages ; si le lavage est trop fort, on enlève une partie de l'apprêt qui adhère au tissu, et la couleur en devient ensuite maigre et sèche ; si le lavage est fait avec peu de soin, le coton est dépouillé d'une manière inégale, ce qui rend la couleur nuancée.

Le coton ainsi lavé et séché, est prêt à recevoir les mordans.

ARTICLE II.

Des Mordans dans la Teinture des Cotons en rouge.

J'APPELLE *mordans*, l'alun et la noix de galle, sans lesquels le coton ne prend pas une teinture solide ni nourrie.

L'engallage se donne avant l'alunage.

Pour engaller une partie de coton de 200 livres (10 myriagrammes), on fait bouillir 20 livres (un myriagramme) de noix de *galle en sorte* concassée, dans environ 200 livres (10 myriagrammes) d'une infusion de 30 livres (15 kilogrammes) de sumach. Après demi-heure d'ébullition, on verse dans le bain 100 livres (5 myriagrammes) d'eau froide, on retire le feu du fourneau, et on passe le coton dans les terrines, comme pour les apprêts, du moment que l'ouvrier peut supporter la chaleur du bain.

Comme l'engallage est une des opérations les plus importantes de la teinture, il faut avoir l'attention, 1°. de passer le coton à un bain d'engallage très-chaud, pour que le mordant pénètre partout également ; 2°. de le fouler avec soin pour que tout le coton soit bien imprégné ; 3°. de le tordre soigneusement ; car, sans cela, les parties qui restent plus humides se foncent davantage, et la couleur en devient inégale ; 4°. de n'engaller que lorsqu'on est assuré de pouvoir sécher dans le jour ; 5°. de n'engaller qu'autant que le temps est serein, parce qu'il est constant que l'air brumeux ou pluvieux noircit le coton engallé.

Le coton engallé sèche assez promptement, et, dès qu'il est sec, on procède à l'alunage.

Lorsqu'on veut aluner, on fait dissoudre 25 livres (12 kilogrammes $\frac{1}{2}$) alun de Rome ou 30 livres (15 kilog.) alun du Levant dans 300 livres (15 myriagrammes) d'eau tiède ; et, dès que la chaleur est descendue à une température qui permette d'y plonger la main, on passe le coton avec le même soin que pour l'engallage. La couleur, d'un jaune sale et foncé qu'avoit donnée la noix de galle au coton, tourne au gris par l'opération de l'alunage.

On sèche le coton aluné, et ensuite on le lave avec le plus grand soin pour en extraire toute la partie des apprêts, et sur-tout des mordans qui ne s'est pas combinée et qui n'adhère pas intimement au fil : à cet effet, on met le coton dans l'eau, et on le foule avec les pieds jusqu'à ce qu'il soit complètement imbibé ; on le laisse séjourner sous l'eau pendant une ou deux heures : après quoi, on le porte sur le bord du bassin, d'où on le tire mateau à mateau pour mieux les laver séparément : on trempe chaque mateau dans l'eau, et, après l'y avoir agité quelque temps, on le tord légèrement, on l'agite dans l'air et on le fait tomber avec force, et à plusieurs reprises, sur une pierre plate préparée à cet usage sur les bords du bassin. On trempe de nouveau le mateau dans l'eau, et on répète cette manœuvre sur le même coton, à six ou sept reprises différentes. On le tord ensuite à la cheville, et on le fait sécher.

Cette opération, toute minutieuse qu'elle paroît, est néanmoins fondée en principe, et il suffit d'examiner le coton avant le lavage pour sentir combien il importe de lui donner une attention toute particulière : le coton sortant de l'alunage a changé de couleur, ce qui prouve qu'il s'est fait une combinaison entre le tannin de la noix de galle et l'alumine de l'alun ; mais tout l'alun n'a pas été décomposé, tous les principes de la noix de galle n'ont pas été employés, et l'on peut appercevoir, avec un peu d'attention, un grand nombre de petits cristaux d'alun attachés au fil. Si donc on n'avoit pas l'attention de laver le coton avec un très-grand soin pour en enlever tout ce qui n'est pas en combinaison, ces matières s'empareroient au garançage d'une grande partie du principe colorant ; et les principes vraiment combinés, et presque inhérens au coton, se trouveroient privés d'une grande portion de la couleur. Il arriveroit alors ce qui s'observe lorsqu'on mêle de l'alun au garançage, le bain reste rouge, et le coton en est moins chargé de couleur, tandis que, lorsque les cotons sont bien lavés, et qu'ils ne contiennent plus que la portion de galle et d'alun qui leur est combinée, le bain de garance est complètement décoloré par le coton.

Il suffiroit, sans doute, d'un bon lavage pour extraire les principes qui appartiennent à la noix de galle ; mais l'alun qui s'est formé en cristaux dans le tissu du fil, se dissout difficilement à l'eau froide, et on ne peut séparer ces cristaux qu'en frappant fortement le coton sur une pierre après l'avoir bien mouillé. Dans quelques fabriques, on emploie une masse ou *batte* pour dégorger le coton, comme lorsqu'on blanchit le linge.

Ce coton lavé et séché ne prendroit encore au garançage qu'une couleur maigre ; c'est pour cela qu'on lui donne une troisième huile, qu'on prépare avec 15 livres (7 kilogrammes $\frac{1}{2}$) d'huile et une première lessive à un degré.

Après cette troisième huile, on passe le coton à trois lessives, dont la plus faible marque deux degrés ; la seconde trois, et la troisième quatre.

Cette troisième huile et ces lessives subséquentes, se donnent avec les mêmes soins et par les mêmes procédés que les premières.

On sèche le coton chaque fois.

On lave ensuite le coton pour le *tirer de l'huile*.

Après quoi, on engalle avec 15 livres (7 kilogrammes $\frac{1}{2}$) de galle sans sumach.

On alune avec 20 livres (10 kilogrammes) d'alun de Rome.

On lave avec le même soin que la première fois ; et le coton séché se trouve, en cet état, disposé à être garancé.

On pourroit donner la troisième huile immédiatement après les lessives de la seconde, et alors on éviteroit deux lavages et le second engallage et alunage ; mais, dans ce cas, il faut augmenter la dose de la galle et de l'alun. Et, au lieu de 20 livres (10 kilogrammes) de galle et de 30 livres (15 kilog.) d'alun, on emploie en une seule fois 35 livres (17 kilogrammes $\frac{1}{2}$) de noix de galle, et 50 livres (25 kilogrammes) d'alun.

Cette dernière méthode abrège l'opération de trois ou quatre jours, et donne de belles couleurs : néanmoins je préfère la première, parce que j'ai observé que les couleurs sont plus unies, plus vives et plus nourries.

ARTICLE III.

Du Garançage dans la Teinture du Coton en rouge.

NOUS avons décrit (chapitre IV) la manière de disposer le coton qu'on veut garancer ; nous avons indiqué le moyen de le conduire ou de le manipuler dans la chaudière ; nous allons dire, en ce moment, comment on monte le bain de garance.

On prend 2 livres à 2 livres et demie de bonne garance par chaque livre de coton ; on mêle cette garance moulue avec du sang qu'on emploie dans la proportion de demi-livre par livre de coton ; le mélange se fait, à la main, dans un cuvier ; on délaie cette pâte dans l'eau de la chaudière de garançage ; et, dès que le bain est tiède, on y plonge le coton, qu'on y travaille pendant une heure sans porter à l'ébullition, mais en élevant graduellement la chaleur.

Du moment que le bain entre en ébullition, on met le coton en cordes, et on l'abandonne dans le bain, qu'on tient en ébullition pendant une heure.

Le coton sortant de la chaudière de garançage, est porté au lavoir, où on le dégorge à grande eau avec le plus grand soin.

ARTICLE IV.

De l'Avivage dans la Teinture du Coton en rouge.

LE coton sortant du garançage a une couleur si sombre, si obscure, qu'il est impossible de l'employer dans cet état. Il est d'ailleurs chargé d'une portion de principe colorant qui n'adhère que foiblement à l'étoffe, et dont il importe de le débarrasser. C'est par l'opération de l'avivage qu'on remplit ces fins.

Pour aviver le coton, on se sert de chaudières de cuivre, dont l'orifice circulaire puisse recevoir un couvercle qui s'y adapte exactement : on les remplit, aux deux tiers, d'une lessive de soude marquant deux degrés ; on chauffe la lessive, et on y fait dissoudre 20 livres (10 kilogrammes) de savon blanc coupé en tranches très-minces ; on agite le liquide pour faciliter la dissolution.

Dès que l'ébullition commence à paroître, on y plonge le coton ; on recouvre l'orifice de la chaudière avec une grosse toile, et on assujétit le couvercle avec le plus grand soin ; on a même l'attention de le fixer à la chaudière par des crochets.

Comme l'effort du liquide en ébullition, détermineroit infailliblement une explosion, si on ne donnoit pas une légère issue aux vapeurs, on pratique une ouverture de quelques lignes (d'environ un centimètre) au milieu du couvercle.

L'ébullition continue pendant huit à douze heures, plus ou moins long-temps, selon que la lessive est plus ou moins forte, et la couleur du coton plus ou moins foncée.

Lorsqu'on juge que le coton est suffisamment avivé, on modère le feu ; et on retire un mateau de coton pour en examiner la couleur. Les teinturiers qui ont de l'expérience, jugent à merveille du ton de la couleur, en exprimant un écheveau ; mais il est plus sûr de laver le mateau. Si l'on trouve le coton suffisamment avivé, on fait couler de l'eau froide dans le bain, pour le refroidir ; dans le cas contraire, on continue l'opération de l'avivage.

On lave le coton au sortir de l'avivage, et déjà on pourroit, après l'avoir séché, le mettre dans le commerce. Mais, si l'on desire donner à la couleur tout l'éclat dont elle est susceptible, il faut faire subir encore au coton deux opérations ; et, dans ce cas, il faut donner le premier avivage dont nous venons de parler, avec la lessive de soude sans savon, ou simplement avec 10 livres (5 kilogrammes) au lieu de 20.

La première des opérations qu'on donne au coton après ce premier avivage, consiste à l'aviver une seconde fois dans un bain d'eau foiblement aiguisée par une petite quantité de lessive, et dans laquelle on fait fondre 25 livres (12 kilogrammes $\frac{1}{2}$) de savon. L'ébullition dure quatre à six heures, selon que la couleur est plus ou moins chargée.

Après ce second avivage, on lave le coton, on le fait sécher et on le passe à la main, avec le plus grand soin, dans la composition suivante :

Je prends l'acide nitrique pur, à 32 degrés au pèse-liqueur de Baumé, j'y fais dissoudre à froid une once (environ trois décagrammes) de sel ammoniaque raffiné par livre d'acide : la dissolution se fait peu à peu ; et, lorsqu'elle est terminée, je mets, dans le bain, de l'étain en baguette, dans la proportion d'un seizième du poids de l'acide : la dissolution se fait aisément. J'ajoute de l'étain jusqu'à ce que la dissolution soit opale.

Je verse 15 livres (7 kilogrammes $\frac{1}{2}$) de cette composition, sur environ 200 livres (10 myriag.) d'eau tiède, dans laquelle j'ai dissous 6 livres (3 kilogrammes) d'alun de Rome ; le mélange se trouble, devient blanc, et c'est dans cette liqueur que je passe mes cotons séchés, avec les mêmes précautions que lorsque je les passe aux apprêts ou aux mordans. On doit délayer la composition avec plus ou moins d'eau, selon que la couleur du coton est plus ou moins foncée.

On lave les cotons à une eau vive et courante, on les sèche, et toutes les opérations de teinture sont terminées.

On peut donner aux fils de lin et de chanvre, une couleur presqu'aussi brillante qu'au coton, mais elle est moins nourrie ; et il faut un plus grand nombre d'opérations, et répéter plusieurs fois l'action des apprêts et des mordans pour lui donner de l'intensité. Il faut même employer des lessives très-fortes ; sans quoi, les apprêts et les mordans ne pénètrent point.

Le fil de lin prend plus aisément la couleur que celui de chanvre.

Lorsqu'on décrue le fil de lin ou de chanvre pour le disposer à la teinture, il faut avoir l'attention de passer des bâtons dans les écheveaux : sans cette précaution, les fils se rident, se mêlent et se brouillent, à tel point qu'il est ensuite impossible de dévider les écheveaux.

Il n'est peut-être pas inutile d'observer encore qu'on peut teindre les étoffes ou tissus de coton par le même procédé que nous venons de décrire : on n'a à craindre que d'obtenir des couleurs mal unies ; mais l'on parvient à éviter cet inconvénient en travaillant avec soin l'étoffe, tant dans les apprêts, que dans les mordans et le garançage.

CHAPITRE VI.

Des Modifications qu'on peut apporter aux procédés de la Teinture du Coton en rouge.

JE viens d'indiquer ce que je connois de mieux pour obtenir une belle couleur ; j'ai décrit le procédé qui m'a le mieux réussi, et d'après lequel j'ai fabriqué pendant trois ans le plus beau rouge qui fut dans le commerce.

À présent, je crois devoir entrer dans quelques détails pour faire connoître les modifications qu'on peut apporter à ce procédé, tant sous le rapport de l'économie, que sous le rapport des variétés de couleur qu'on peut se procurer à volonté.

Je ne dirai rien que je n'aie pratiqué ou essayé assez en grand pour pouvoir en constater les résultats.

ARTICLE PREMIER.

Des Modifications qu'on peut apporter aux Apprêts.

IL y a des ateliers où l'on n'est pas dans l'usage de décruer le coton ; mais alors le coton se pénètre plus difficilement et plus inégalement des premières huiles, et la couleur qu'il prend ensuite n'est ni aussi unie, ni aussi nourrie que lorsque les travaux de la teinture ont été préparés par le décrûment. Nous avons eu occasion d'observer déjà que le coton filé par les mécaniques, avoit subi une première lessive qui rendoit l'opération du décrûment moins nécessaire que pour le coton filé à la main.

L'art de préparer les lessives varie dans chaque pays, souvent dans chaque atelier : dans le Midi et au Levant, on les prépare dans d'immenses jarres qu'on enfonce dans la terre jusqu'au col, en leur donnant une légère inclinaison pour faciliter les moyens de puiser et de remuer les soudes qui y sont contenues. On agite plus ou moins souvent, selon le degré de force qu'on veut donner à la lessive ; on ajoute de la soude à trois reprises : on en emploie près de 100 livres (5 myriagrammes) pour une partie de coton. La première lessive se fait avec 30 livres (15 kilogrammes) ; on en ajoute encore 30 pour former la première lessive de la seconde huile, et 40 pour former la première lessive de la troisième.

Cette méthode demande une grande habitude de la part du chef-ouvrier ; car, s'il n'emploie les plus grands soins pour préparer les lessives qui conviennent aux différentes opérations, le travail de la teinture se fait sans règle, sans suite et sans méthode ; et, comme la dissolution dépend non-seulement du mouvement qu'on imprime à la soude, mais encore du degré de division dans lequel se trouve la soude, de la nature et de l'ancienneté de cet alkali, de l'exposition des jarres, de la température de l'air, du temps que la soude séjourne dans les jarres, de la quantité d'eau qu'on a employée, etc. il est difficile que l'intelligence la mieux appliquée, ni la main la mieux exercée, puissent fournir des lessives bien graduées. Quoique j'aie employé cette méthode pendant quelque temps, je préfère l'usage où l'on est dans quelques ateliers de lessiver les soudes par les procédés ordinaires, et de porter, chaque fois, la lessive au degré qu'on désire.

Il n'y a rien de constant ni d'uniforme sur la quantité d'huile qu'on consomme pour les apprêts : j'en ai vu employer jusqu'à 100 livres (5 myriagrammes) par partie de coton ; mais, lorsqu'on l'emploie dans une proportion aussi forte, le coton reste graisseux et très-pesant : on peut en exprimer l'huile par la seule pression, et tous les papiers dans lesquels on l'enveloppe en restent imprégnés.

On varie beaucoup également sur la force des lessives : j'ai connu des teinturiers qui en employoient de si fortes, que la peau des mains des ouvriers en étoit altérée. J'ai vu des lessives portées à 12 degrés ; mais je me suis convaincu que ces fortes lessives n'étoient pas profitables, et même que la couleur n'avoit plus le *moelleux* ni le *velouté* qu'on peut donner en employant des lessives moins fortes.

Pour bien juger de la force qu'il convient de donner aux lessives, il suffit de se rappeler que les lessives n'ont d'autre but que de délayer l'huile, afin de la porter plus facilement dans le tissu, et que, par conséquent, des eaux de lessive, depuis un jusqu'à quatre degrés, sont plus que suffisantes.

On peut encore juger aisément de la quantité d'huile qu'il faut employer, en considérant que l'huile n'a d'effet qu'autant qu'elle se combine avec le tannin de la noix de galle et la terre de l'alun, et que les proportions dans lesquelles chacun de ces trois corps entre dans cette combinaison, sont déterminées invariablement par les loix constantes des affinités.

Il ne suffit donc pas d'employer beaucoup d'huile, beaucoup d'alun et beaucoup de noix de galle pour former de belles couleurs : les proportions de ces ingrédiens sont déterminées. Ainsi, si l'on emploie trop d'huile, l'excédent reste dans le coton, et se perd en grande partie dans l'avivage. Si on emploie trop d'alun, il cristallise sur les fils eux-mêmes, et s'en détache par un lavage fait avec soin ; si on emploie trop de noix de galle, elle est entraînée par les eaux dans les divers lavages.

On doit observer néanmoins, que, lorsque les cotons sont préparés pour des fabriques dont les tissus restent long-temps exposés sur le pré, comme ceux du Béarn, il est moins dangereux de les nourrir d'une plus grande quantité d'huile. Sans cela, la couleur s'appauvriroit par l'action dévorante de l'air, de l'eau et des lessives.

Comme le coton peut prendre jusqu'à 30 pour 100 de poids par les ingrédiens de la teinture, les teinturiers qui spéculent sur la vente, lui donnent le plus d'huile possible : mais, ici, l'intérêt du consommateur se trouve lésé, et il est bien reconnu que le coton qui acquiert plus de 8 à 10 pour 100 de son poids primitif, est trop chargé.

J'ai essayé de remplacer la soude par la potasse pour former les lessives ; et je l'ai employée à deux degrés pour la combiner avec l'huile. Le résultat en a été avantageux ; la couleur du coton est sortie nourrie, brillante et sur-tout très-unie. La nuance vineuse que prend le coton au garançage, disparoît par l'avivage et la *composition*.

Le coton préparé par la potasse, conserve un moelleux que n'a pas celui qui est préparé par la soude. L'augmentation du poids en est plus forte.

ARTICLE II.

Des Modifications qu'on peut apporter aux Mordans.

LA noix de galle donne du corps aux couleurs ; l'alun les éclaircit et les rend plus brillantes : on voit, d'après cela, ce que l'on doit attendre des différentes proportions dans lesquelles on peut employer ces deux mordans.

Comme la noix de galle est d'un prix assez élevé dans le commerce, j'ai voulu la remplacer en entier par le sumach. Mais, quelles qu'aient été les proportions dans lesquelles je l'ai employé, je n'ai obtenu que des couleurs pâles, peu nourries, et je regarde jusqu'ici comme impossible de trouver un astringent qu'on puisse substituer à la noix de galle. Ce mélange d'acide gallique et de tannin qui forme la noix de galle doit, peut-être, dans ce cas-ci, une partie de ses effets au principe animal dont il est pénétré.

La bousseirolle, le redou, l'écorce d'aulne et celle de chêne ne peuvent pas, à leur tour, remplacer le sumach, qui, après la galle, est celui de tous les astringens qui produit le plus d'effet.

L'engallage peut se donner au coton dans une chaudière, comme le garançage : par ce moyen, le coton peut se pénétrer plus également du mordant ; mais ce procédé devient plus dispendieux, par la grande quantité de noix de galle qu'il faut employer pour donner au bain une force suffisante.

On peut encore engaller dans une simple infusion de noix de galle ; mais la couleur en est plus pâle.

J'ai vu des teinturiers qui engalloient, une seconde fois, après avoir séché le premier engallage : mais je me suis convaincu que c'est du temps perdu ; car la même quantité de noix de galle employée en deux fois, ne donne pas plus de corps que lorsqu'on l'emploie en une seule.

J'ai substitué avec avantage l'acétate d'alumine à l'alun ; et je forme mon acétate, en jetant dans le bain d'alun de l'acétate de plomb (sel de saturne), dans la proportion du quart de l'alun employé : la liqueur blanchit dans le moment ; il se forme bientôt un dépôt ; la liqueur s'éclaircit, et c'est alors qu'on emploie la liqueur surnageant le dépôt, pour passer le coton dans les terrines.

J'ai constamment observé que le mordant d'acétate d'alumine rendoit la couleur plus vive et plus solide, en même temps que plus moelleuse.

Le nitrate d'alumine ne m'a présenté aucun avantage.

Le pyrolignite d'alumine bien purifié, peut être employé pour les violets.

Mais aucun de ces sels ne m'a paru comparable à l'acétate d'alumine.

ARTICLE III.

Des Modifications qu'on peut apporter au Garançage.

LORSQUE la teinture des cotons a été portée en France, on garançoit deux fois le même coton, et à des temps différens : ce procédé est encore suivi dans beaucoup d'ateliers de teinture.

Le premier garançage se donne après les lessives de la seconde huile, l'engallage et l'alunage ; on emploie une livre et demie de garance par livre de coton, et on avive par une simple lessive de soude à deux degrés.

Après avoir lavé et séché le coton sortant de l'avivage, on lui donne une troisième huile qui est suivie de trois ou quatre lessives ; on engalle et alune de nouveau, pour garancer une seconde fois avec poids égal de garance. L'avivage se fait, cette fois-ci, avec la soude et le savon.

Les cotons préparés par cette méthode sont très-beaux ; mais l'opération en est longue et coûteuse. Cependant j'ai vu des teinturiers qui passoient au garançage et aux avivages jusqu'à trois fois, en intercalant les opérations convenables pour passer aux huiles et aux mordans : les couleurs en étoient belles, riches et brillantes ; le coton prenoit un poids considérable, ce qui indemnisoit le teinturier du temps et des drogues qu'il avoit employés ; mais j'avoue que, lorsque les matières tinctoriales sont distribuées avec discernement, on n'a pas besoin de recourir à ces procédés longs et compliqués pour avoir du beau rouge.

Il m'est arrivé très-souvent de donner deux huiles de suite, et sans autre opération intermédiaire que celle de sécher ; j'alunois et engallois ensuite après quatre lessives ; mais on ne peut confier ce travail qu'à des ouvriers très-habiles, parce qu'on a à craindre que la couleur ne soit pas unie.

La proportion de garance varie beaucoup : les uns emploient deux livres par livre de coton ; d'autres en emploient trois. Il est difficile d'établir de justes proportions à ce sujet, parce que la quantité de garance doit être telle qu'elle sature le mordant qu'on a porté sur le coton, ce qui varie à l'infini.

On reconnoît que la garance est employée en excès, lorsque, après une ébullition prolongée, le bain reste toujours coloré en rouge ; on peut connoître la quantité de garance qui est nécessaire, en en ajoutant jusqu'à ce que le coton refuse de s'en charger.

Comme l'eau ne peut tenir en dissolution qu'une assez foible quantité du principe colorant de la garance, il faut employer de grandes chaudières. Dans l'opération du garançage, on peut considérer l'eau comme un fluide qui sert d'intermède entre le coton et le principe colorant : à mesure qu'elle se charge de couleur, elle la transmet au coton.

ARTICLE IV.

Des Modifications qu'on peut apporter à l'Avivage.

AU lieu de mettre, dans l'avivage, les cotons lavés et encore mouillés pour les y faire bouillir, pendant quelques heures, avec une dissolution de soude et de savon, quelques teinturiers sèchent les cotons, les passent à une lessive très-forte, et les jettent humides dans l'eau de la chaudière d'avivage, où ils ont fait dissoudre 20 à 30 livres (un myriagramme à un myriagramme et demi) de savon. J'ai vu marquer, jusqu'à 10 et 12 degrés, la lessive de soude, dans laquelle on passe ces cotons.

Ce procédé, bien loin de présenter quelque avantage, m'a paru avoir des inconvéniens : 1°. le temps qu'on consume à sécher le coton, est un temps perdu ; 2°. la forte lessive dans laquelle on passe les cotons, attaque les mains des ouvriers ; 3°. la couleur est presque toujours *vineuse*.

La quantité de savon employée pour l'avivage varie encore dans chaque atelier. Je l'ai vu employer dans la proportion du quart du poids du coton qu'on avive, et j'ai même acquis la preuve qu'on le pouvoit sans danger, sur-tout lorsque les cotons sont bien nourris de couleur. Mais, dans ce cas, il faut faire bouillir fortement pendant une ou deux heures, et surveiller l'opération avec assez de soin pour que la couleur n'en soit pas appauvrie.

ARTICLE V.

RIEN de plus varié que la manière de former la composition qu'on emploie pour donner au coton son dernier lustre :

Les uns se servent de l'acide nitro-muriatique (eau-forte des teinturiers) pour y dissoudre le huitième de son poids d'étain pur.

D'autres opèrent avec l'acide pur qu'ils mêlent avec du sel marin pour lui donner la propriété de dissoudre l'étain.

Quelques-uns délaient l'acide dans l'eau pure, et y font dissoudre l'étain réduit en copeaux.

Tous versent cette composition sur une dissolution d'alun, mais ils l'emploient à différentes doses.

On varie encore dans la manière de se servir de cette composition : au lieu de passer le coton dans les terrines, on verse quelquefois la composition dans une chaudière pleine d'eau tiède, et dans laquelle on a dissous 6 à 8 livres (3 à 4 kilogrammes) d'alun ; on plonge le coton humide dans le bain ; on l'y foule avec soin pendant quelques minutes, et jusqu'à ce qu'on se soit apperçu que la couleur est bien avivée.

On fait servir encore, depuis quelques années, le sel d'étain pour l'avivage des cotons : mais je n'ai pas été dans le cas d'en constater les effets, et de comparer les résultats de son action avec ceux des compositions dont je viens de parler.

En général, les liqueurs acides avivent le rouge de garance : le sel d'oseille produit un bon effet, de même que tous les acides végétaux ; mais les acides muriatique et sulfurique rendent la couleur vineuse, et le muriatique oxigéné la dévore.

CHAPITRE VII.

De la Manière de produire quelques Nuances de Rouge connues dans le commerce.

IL ne peut pas être question dans ce chapitre de quelques nuances de couleur, qu'on obtient par quelques différences qu'on apporte dans les proportions des matières. Il s'agit des nuances de rouge, qui sont le résultat constant et assuré des combinaisons de l'artiste, et qui forment des modifications du rouge, sans être pour cela des combinaisons nouvelles.

ARTICLE PREMIER.

Du Rouge des Indes.

CETTE couleur terne, sombre, est encore connue sous le nom de *rouge brûlé*. Quoiqu'elle n'ait pas beaucoup d'éclat, elle est très recherchée, parce qu'elle se marie parfaitement avec toutes les autres couleurs, et qu'elle imite le rouge qui se trouve sur les mouchoirs de coton apportés des Indes.

Chaque atelier a son secret pour faire cette couleur : je donnerai le mien, sans croire pourtant qu'il soit le meilleur de tous ceux qu'on peut employer ailleurs.

Je décrue le coton à l'ordinaire, et le fais bouillir ensuite pendant demi-heure dans l'eau de chaux.

Après cette première opération, je lui donne une huile forte, et successivement trois lessives.

Je le tire de l'huile et le passe au mordant suivant : dans une dissolution tiède de 25 livres

(12 kilogrammes $\frac{1}{2}$) d'alun, je mets 8 livres (4 kilogrammes) d'acétate de plomb, une livre (demi-kilogramme) de soude, et 8 onces (2 hectogrammes $\frac{1}{2}$) de sel ammoniaque.

On garance avec une livre et demie de garance par livre de coton, et on avive avec soude et savon.

Si la couleur est maigre, on donne une seconde huile et trois lessives, on passe au même mordant, et on garance en employant la garance à poids égal.

J'ai encore obtenu un beau *rouge brûlé*, en suivant rigoureusement le procédé que j'ai décrit pour la teinture en rouge ; mais au lieu d'employer la lessive pure de soude, je faisois la lessive par l'eau de chaux.

Lorsqu'on emploie les lessives très-fortes, on obtient un rouge très-analogue à celui-ci, avec la seule différence qu'il est plus vineux.

ARTICLE II.

De la Couleur Rose.

RIEN de plus aisé que d'obtenir une couleur rose qui ne soit pas solide, et rien de plus difficile que de former du rose bien uni et qui soit aussi solide que le rouge.

Je ne parlerai pas des procédés qui donnent le premier : il n'entre pas dans mon plan de traiter des couleurs qui ne peuvent pas résister aux plus fortes lessives. Je ne décrirai donc que les procédés suivans :

1°. Si on garance le coton préparé pour un beau rouge, dans un bain où l'on ait dissous quelques livres de savon, le coton en sort plus maigre et d'un rose sale, qu'on peut aviver en le passant à la composition d'étain (*Voyez* article IV, chapitre V), immédiatement après l'avoir fait bouillir dans un bain composé avec 80 livres (4 myriag.) de savon par 200 livres (10 myriagrammes) de coton.

2°. En employant peu de noix de galle et beaucoup de sumach pour former le premier mordant du coton, passant ensuite deux fois dans l'acétate d'alumine, avivant, après le garançage, avec le seul savon employé à haute dose, j'ai obtenu des couleurs roses superbes.

3°. Si on prend le coton teint en bleu de ciel par l'indigo, et qu'on le traite comme par le procédé du rouge d'Andrinople, le bleu qui résiste aux huiles, aux lessives froides, à l'engallage et à l'alunage, devient violet au garançage, et prend à l'avivage une couleur rose que j'ai obtenue quelquefois, mais pas constamment, d'une très-grande beauté.

En général, pour disposer le coton à la couleur rose, il faut employer peu d'huile, multiplier les lessives sans les rendre fortes, purger bien le coton au lavage des huiles, engaller avec peu de galle et beaucoup de sumach, aluner dans un bain de 40 livres (2 myriagrammes) d'alun, décomposé par un quart d'acétate d'alumine, garancer dans un bain, dans lequel on délaie un peu d'oxide d'étain formé par la décomposition de l'acide nitrique sur ce métal, aviver avec beaucoup de savon, et passer le coton à une composition d'étain qui marque au moins quatre degrés.

ARTICLE III.

De l'Écarlate.

LORSQU'ON a le projet de donner au coton assez de brillant pour le rapprocher de la plus belle des couleurs, l'écarlate, il faut avoir l'attention de ne pas charger les cotons d'huile, et de n'employer que des lessives foibles et nombreuses ; il faut augmenter la dose de l'alun, ne se servir que de la meilleure garance, et aviver avec beaucoup de savon.

Mais je suis parvenu à imiter l'écarlate en prenant des cotons, riches d'une belle couleur, très-unie, et les passant à la composition suivante :

On prend de l'acide nitrique à 35 degrés, qu'on affoiblit en y mêlant trois parties d'eau sur deux d'acide, on y fait dissoudre des copeaux d'étain jusqu'à ce que la liqueur devienne opale.

On emploie ensuite cette liqueur, marquant depuis 8 jusqu'à 15 degrés au pèse-liqueur, selon la nuance qu'on désire donner à la couleur ; on passe les cotons avec soin, on les laisse pendant quelque temps sur la table avant de les laver. Mais lorsque la composition marque plus de 12 degrés, il convient de laver le coton, quelques minutes après qu'on l'a passé.

La composition se fait dans une jarre, et le coton se passe dans les terrines : le métal seroit attaqué à ce degré de force.

J'ai fait passer des cotons dans la composition marquant 20 degrés : le coton n'en est pas altéré, pourvu qu'on ne tarde pas à le laver.

La couleur que prennent les cotons rouges, lorsqu'on les passe dans cette composition à 15 ou 16 degrés, se change en un rouge orangé très-agréable et imitant l'écarlate.

CHAPITRE VIII.

Du Rouge de garance obtenu par d'autres procédés plus économiques.

JE suis convaincu que pour avoir un beau rouge bien solide, on ne peut guère s'écarter des méthodes que nous avons décrites ; du moins jusqu'à ce jour toutes les recherches ont été infructueuses, mais il est possible d'apporter des modifications heureuses, en diminuant la dépense, en abrégeant les opérations, en supprimant ou remplaçant quelques-uns des ingrédiens ; et c'est ce dont nous allons nous occuper dans ce moment.

Lorsque, par exemple, les cotons ne sont pas destinés à recevoir l'action des lessives fortes, on peut les teindre en une assez belle couleur par le procédé suivant :

On décrue le coton, après quoi on le passe au mordant, qu'on compose comme il suit : dans une dissolution de 30 livres (un myriagramme et demi) d'alun, on verse 8 livres (4 kilog.) d'acétate d'alumine, on y ajoute ensuite 4 livres (2 kilogrammes) de soude en poudre, et 2 livres (un kilogramme) de sel ammoniaque.

On sèche le coton, on le lave et on le garance avec une livre et demie de garance par livre de coton.

La couleur qu'on obtient par ce procédé est assez nourrie, assez brillante, assez égale pour pouvoir être employée ; mais on ne peut pas la classer parmi les couleurs solides de garance, parce que les fortes lessives l'altèrent, et qu'elle ne résisteroit pas à l'avivage.

Je me suis servi avec avantage d'un mordant, à l'aide duquel je donne au coton une couleur très-solide sans être brillante, mais susceptible d'être employée dans beaucoup de cas : je fais dissoudre à froid, dans l'acide acétique, de la chaux éteinte à l'air ; lorsque l'acide en paroît saturé, je ramène la dissolution à 2 degrés par une addition convenable d'eau.

Je mêle alors cette dissolution d'acétate de chaux avec parties égales d'acétate d'alumine, préparé par 40 livres (2 myriagrammes) d'alun dissous dans 240 livres (12 myriagrammes) d'eau, et 10 livres (5 kilogrammes) de sel de saturne.

Je décante la liqueur qui surnage le dépôt, et la fais tiédir pour y passer le coton qu'on a décrué avec soin.

Le mordant se trouble lorsqu'on y travaille le coton. Il reste clair à une chaleur quelconque.

On sèche, on lave, on sèche encore et on garance dans un bain d'une livre et demie de garance par livre de coton.

On avive avec la lessive de soude et le savon.

On réavive au savon seul, et puis on passe à la composition d'étain.

En variant les proportions de l'acétate de chaux, on peut varier les nuances de la couleur : moins on en met, plus la couleur est brillante.

Si, au lieu d'employer le coton sortant du décrûment, on passe dans ce mordant le coton sortant des huiles, on obtient une couleur très-foncée et très-solide : la couleur est même brillante et belle, si, avant d'appliquer ce mordant, on donne au coton une huile et trois lessives.

CHAPITRE IX.

Du Mélange du Rouge de garance avec le Bleu pour former le Violet et toutes ses nuances.

LA couleur de garance, telle que nous l'avons fait connoître, est tellement solide, qu'on ne peut lui allier que le bleu pour avoir une couleur *composée* qu'on puisse regarder comme couleur de *bon teint*, à l'épreuve de l'avivage et des plus fortes lessives.

Ce mélange du rouge et du bleu forme le violet, et comprend toutes les nuances depuis le lilas jusqu'au violet le plus foncé.

Long-temps on a obtenu les violets, en passant les cotons rouges dans la cuve au bleu d'indigo. On peut même, par ce moyen, se procurer une couleur vive et agréable, en employant la nuance de rouge qui convient : j'ai acquis la preuve que, pour arriver à un bon résultat, il faut des cotons peu chargés d'huile et de galle, et fortement avivés ; les couleurs maigres réussissent mieux que celles qui ont beaucoup de corps.

Mais cette couleur par l'indigo, quoique belle, n'est pas estimée ; et l'on préfère le violet qu'on fait dans les fabriques avec les préparations de fer et la garance.

Le violet fait avec les oxides de fer, est la couleur la plus difficile à obtenir, sur-tout lorsqu'on la veut bien unie, et d'une nuance convenue et constante : elle forme le désespoir du teinturier le plus exercé, et il en est bien peu qui puissent prédire et annoncer d'avance quelle sera la nuance qui sortira de l'avivage. Cette difficulté dépend des modifications infinies dont l'oxide de fer est susceptible, de la manière dont s'est faite la dessiccation du coton passé au fer, du soin qu'on a apporté à le travailler, etc.

Il n'est pas d'objet sur lequel j'aie plus réfléchi et autant travaillé. Je vais rapporter ici les résultats plutôt que les détails de mes nombreuses expériences, en écartant avec soin tout ce qui ne mérite plus d'occuper une place dans l'histoire des progrès de la teinture.

Ici, comme dans le chapitre où j'ai traité de la couleur rouge, je commencerai par faire connoître le procédé que j'ai pratiqué avec le plus de succès. Après cela, je m'occuperai des modifications qu'on peut y apporter pour varier les nuances, et je terminerai par indiquer les résultats de quelques expériences qui pourront éclairer cette partie si délicate de l'art de la teinture.

Pour obtenir un beau violet, on commence par décruer le coton et le passer successivement à trois huiles et à des lessives, comme pour le rouge ordinaire.

Dès qu'on l'a tiré de l'huile et séché, on lui donne le mordant suivant :

Dans une chaudière ronde, dans laquelle on fait tiédir environ 300 livres (15 myriagrammes) d'eau (en supposant toujours qu'on opère sur une partie de coton de 200 livres), on met à dissoudre 50 livres (25 kilogrammes) de sulfate de fer (couperose verte). Dès que la dissolution de la couperose est opérée, on y verse 12 livres (6 kilogrammes) d'acétate de plomb ou sel de saturne. On laisse reposer la liqueur, et on s'en sert, lorsqu'elle est bien limpide et très-chaude, pour passer les cotons. On a l'attention de ne prendre, de chaque main, que demi-livre de coton, et de le travailler dans la terrine avec plus de soin et plus long-temps que lorsqu'on opère pour une couleur rouge.

Le coton change de couleur entre les mains de l'ouvrier : il devient chamois-nankin très-agréable.

On *ouvre* le coton sur la table, on l'y laisse reposer un instant ; après quoi, on le lave avec le plus grand soin dans une eau courante. Le seul contact de l'air, lorsqu'on le passe dans les terrines, et sur-tout lorsqu'on l'*ouvre* ou *frise* sur la table, le colore en un nankin foncé très-solide. C'est pour cela qu'il importe de l'agiter, de l'éventer pour que l'air le frappe sur tous les points, et qu'il se colore également par-tout, avant qu'on le lave.

On lave le coton sans le faire sécher.

Lorsque le coton est bien lavé et tordu, on le passe en cordes pour le garancer, sans le faire sécher préalablement.

Le bain de garance se compose comme à l'ordinaire ; mais on n'emploie d'abord que parties égales de garance.

Dès que le coton plonge dans le bain, celui-ci se colore en noir : on y travaille le coton, en augmentant peu à peu la chaleur ; et, lorsque le bain entre en ébullition, on en retire le coton et on le lave avec soin. Il est alors de couleur cannelle.

Pendant le temps qu'on lave le coton, on monte un second bain de garance, dans la proportion d'une livre et demie de garance par livre de coton.

On porte le coton dans le bain dès qu'il est tiède, on l'y travaille avec soin, et on l'y fait bouillir pendant 25 minutes.

Après le garançage, le coton est noirâtre ; on le lave bien encore, et on l'avive avec 80 livres de savon (4 myriagrammes). Rarement le coton a besoin de plus de demi-heure ou d'une heure d'ébullition pour acquérir la plus belle nuance de violet.

Le coton sortant de l'avivage, est lavé, séché et porté en magasin. La couleur est plus ou moins foncée, selon la quantité d'acétate d'alumine (sel de saturne) qu'on fait entrer dans le mordant. On peut l'éclaircir à volonté, en y ajoutant de l'alun depuis 6 livres (3 kilog.) jusqu'à 20 (un myriag.).

Le sel de saturne et l'alun rendent cette couleur d'autant moins foncée, et l'approchent d'autant plus du rouge, qu'ils sont dans une proportion plus forte par rapport à la couperose. En variant les proportions, on peut obtenir toutes les nuances qu'on désire.

Chaque teinturier a une préparation de fer qu'il affectionne : mais, après avoir essayé successivement toutes les dissolutions de fer par les acides, j'ai resté convaincu que le choix est indifférent. Ici, tout dépend des proportions entre les sels d'alun et ceux de fer, et de la manière de travailler[1].

Parmi les différentes proportions qui m'ont paru donner les nuances les plus agréables, j'ai distingué les suivantes :

Cinquante livres (25 kilogrammes) alun, 12 (6 kilogrammes) couperose, 6 (3 kilogrammes) sel de saturne, m'ont donné une belle couleur d'un violet clair.

Quarante livres (20 kilogrammes) alun, 20 (10 kilogrammes) couperose, 8 (4 kilogrammes) sel de saturne, fournissent une couleur d'un violet foncé, nourri et très-agréable.

Dans tous les cas, les cotons doivent être travaillés par le procédé que nous avons décrit.

J'ai essayé, pendant quelque temps, d'engaller le coton avant de le passer à ce mordant ; mais il m'a paru extrêmement difficile d'obtenir, par ce moyen, une couleur unie. D'ailleurs, comme les cotons engallés prennent une couleur noire dans le mordant, il est presque impossible de juger des nuances, et de s'assurer que toutes les parties sont également chargées ; ce qui livre presqu'au hasard la suite des opérations.

On a essayé de mettre la dissolution de fer dans le bain de garance, d'en imprégner le coton avant de le passer aux huiles, etc. mais je n'ai rien trouvé de plus avantageux que ce que j'ai décrit ; et, en conseillant de laver et de garancer le coton en sortant du mordant, je crois avoir résolu le problème si difficile, de donner au violet et à ses nuances une couleur à-la-fois brillante et bien unie.

Lorsqu'on laisse pendant long-temps à l'air le coton qu'on vient de passer au mordant, il s'y fonce et se colore de plus en plus ; et, si on le fait sécher, la partie immédiatement exposée à l'air se colore plus fortement que celle qui est au-dessous, de sorte qu'il y a deux nuances et divers degrés d'oxidation dans le même écheveau de coton : une partie passe au jaune-foncé, tandis que l'autre reste chamois-clair et presque blanche ; la partie la plus foncée devient noire au garançage, tandis que l'autre y prend une couleur rougeâtre. Les inégalités de teinte, déjà sensibles après le garançage, le deviennent bien davantage lorsque le coton est avivé. On évite tous ces inconvéniens, en lavant le coton au sortir du mordant et en le garançant humide.

On peut encore porter le fer sur le coton après le dernier alunage, et lorsqu'il est lavé et séché. Mais, dans ce cas, les pores sont tellement remplis de mordant, que le coton repousse celui qu'on lui présente, et refuse de s'en imprégner.

Si cependant on travaille le coton aluné et prêt à être garancé, dans un mordant de fer, pendant quelque temps ; si, sur-tout, on l'y laisse en digestion, à la vérité, la corde du fil ne s'en imprègne pas, mais les poils follets en sont mouillés ; et, dans ce cas, le garançage colore la corde du coton en rouge, et les poils follets en violet ; ce qui forme une couleur très-agréable, une espèce de *gorge de pigeon*, qu'on peut employer avec succès pour la fabrication des étoffes.

Il nous reste encore une observation très-essentielle à faire, c'est que le bleu de fer et le rouge de garance, étant diversement solubles dans les matières qui servent à l'avivage, on peut, à volonté, faire prédominer le rouge ou le bleu et nuancer, à son gré, le violet. La soude détruit le fer et développe le rouge ; le savon dissout le rouge et fait prédominer le fer : ainsi la soude ou le savon, convenablement employés, peuvent varier les nuances de violet presqu'à l'infini.

↑ Je pense néanmoins que le pyro-lignite de fer mérite la préférence sur toutes les autres préparations, attendu qu'outre l'acide, ce sel contient encore de l'huile végétale que l'acide tenoit en dissolution, et que, sous tous ces rapports, ce sel doit être préféré. D'ailleurs, dans l'impression des toiles, on s'est déjà convaincu de la supériorité de ses effets ; et je ne doute pas qu'il ne présente les mêmes avantages dans la teinture.

CHAPITRE X.

Théorie de l'opération de la Teinture du Coton en rouge.

COMME quelques phénomènes que présente la teinture du coton, ne peuvent être éclairés que par une connoissance préalable de la nature du principe colorant de la garance ; j'ai cru devoir présenter ici, non une analyse complète de la garance, mais la manière dont elle se comporte avec quelques réactifs.

La partie ligneuse et l'écorce de la racine de la garance, ont le même principe colorant ; mais il est plus vif et moins chargé d'extractif dans le bois que dans l'écorce ; et c'est pour cela qu'on le préfère pour obtenir des couleurs vives.

1°. L'eau froide qu'on met à digérer sur la garance en poudre, s'y colore en un jaune-orange-rougeâtre. Ce fluide dissout le principe colorant avec la plus grande facilité ; mais il ne peut pas en tenir une grande quantité en dissolution, de manière qu'on peut colorer une grande masse d'eau par une petite quantité de garance ; de telle sorte que l'eau la plus chargée du principe colorant, ne peut donner au coton préparé pour la teinture qu'une foible teinte d'un jaune-sale. Si le coton se nourrit de couleur, dans un bain où l'on a mis une suffisante quantité de garance, c'est qu'il prend la couleur à mesure que l'eau la dissout, et que celle-ci, du moment qu'elle en est dépouillée, en extrait une nouvelle quantité pour la déposer de nouveau sur le coton : cette opération se renouvelle jusqu'à ce que le mordant soit saturé. L'eau n'est donc, à proprement parler, que le véhicule du principe colorant.

C'est cette difficulté de tenir à-la-fois en dissolution une grande quantité du principe colorant de la garance, qui rendra très-difficile la solution du problème le plus important que présente l'art de l'imprimeur sur toile, celui d'épaissir le principe colorant de la garance, et de le porter, par impression, sur l'étoffe.

La première eau qu'on passe sur la garance, dissout abondamment du principe extractif, qui entraîne avec lui beaucoup de principe colorant jaune : ce qui reste, après les premiers lavages, contient un principe colorant où le rouge domine.

L'infusion de garance dans l'eau froide, devient d'un rouge violet par l'ammoniaque, les alkalis fixes et la chaux.

La couleur rouge disparoît lorsqu'on sature l'alkali par un acide, et la liqueur reprend sa première teinte jaunâtre.

L'infusion et la décoction de garance donnent des marques d'acidité avec les papiers réactifs.

La dissolution de fer y forme un précipité noir ; celle de cuivre y produit un léger dépôt verdâtre, et l'acétate de plomb y occasionne un précipité abondant et d'un blanc-grisâtre.

L'acétate d'alumine préparé avec une dissolution d'alun et un quart de sel de saturne, ne précipite pas à froid l'infusion de garance, mais la chaleur la rend trouble, et il se forme un léger dépôt couleur de rose.

L'infusion de garance abandonnée à l'air, laisse d'abord précipiter quelques atomes de poudre rouge ; puis elle se couvre de moisissure, et se décolore en prenant une teinte d'un gris sale.

L'eau bouillante versée sur le résidu, qui ne peut plus colorer l'eau froide, y prend une teinte jaune-orange-rougeâtre. La couleur acquiert un peu plus d'intensité lorsqu'on fait bouillir l'eau sur le résidu. L'écume que produit l'ébullition devient d'un beau violet par le contact de l'air. La couleur filtrée colore le filtre en violet.

J'ai observé constamment que la couleur de garance est violette toutes les fois qu'elle est fortement concentrée ; on la ramène au rouge en la délayant. Il paroît aussi que le contact de l'air et l'absorption de l'oxigène peuvent produire la couleur violette ; c'est ce qui semble résulter des faits ci-dessus et de beaucoup d'autres.

L'eau de savon versée sur l'infusion ou la décoction, forme un précipité couleur de chair.

2°. De l'eau aiguisée avec la potasse pure, filtrée sur la garance en poudre, prend la couleur d'une forte décoction de campêche ; il suffit d'environ soixante fois son poids d'alkali pour décolorer complètement la garance. Alors la potasse bouillie avec le résidu de la garance ou filtrée à travers, n'y prend qu'une légère teinte rougeâtre. Le filtre prend une couleur de violet foncé.

L'infusion de garance dans une eau de potasse légère, quoique très-foncée en couleur, ne donne au coton préparé qu'une teinte d'un rouge maigre.

L'infusion alkaline de garance mêlée avec l'acétate d'alumine, laisse précipiter quelques flocons qui troublent à peine la transparence : le mélange perd sa couleur foncée de campêche, et devient rouge. On peut en précipiter une belle lacque violette par le carbonate de potasse.

L'acide sulfurique décolore l'infusion alkaline de garance, et en précipite le principe colorant en rouge-orangé. On peut obtenir 7 grains $\frac{1}{2}$ (3,98362 décigrammes) de ce précipité, en décomposant 2 livres (un kilogramme) d'infusion alkaline par l'acide sulfurique très-foible. Ce précipité se dissout à froid et promptement dans l'eau de potasse, qui le colore en rouge-violet. Il donne à l'alcool une couleur jaune et brillante, et l'eau froide n'y prend qu'une teinte d'un jaune tirant au rouge. L'alcool et l'eau, aidés de la chaleur, se colorent aisément sur ce précipité sans le dissoudre en entier. Il paroît que, dans ce précipité, le principe colorant de la garance y est presqu'entièrement dégagé du principe jaune.

L'eau pure bouillie sur le résidu de garance, qui ne fournit plus de couleur à l'eau de potasse, prend elle-même une teinte d'un assez beau rouge-clair ; mais elle cesse bientôt de s'y colorer. L'alcool n'y prend qu'une nuance de brun-rouge, sans aucune trace de jaune.

3°. L'alcool infusé sur la garance en poudre, se colore en jaune, et l'infusion prend une couleur aussi foncée que celle du safran.

On peut teindre le coton préparé pour le rouge, dans l'infusion par l'alcool, en une couleur écorce-jaune-sale : le papier s'y colore de même.

L'acétate d'alumine forme, dans l'infusion par l'alcool, un précipité qui paroît abondant, mais qui ne laisse sur le filtre qu'une poudre rose de peu de volume. Ce mélange d'acétate d'alumine et d'infusion d'alcool sur la garance, devient trouble par l'action de la chaleur, et dépose une lacque d'un rouge brun, difficile à sécher.

L'eau bouillante se colore en rouge obscur sur le résidu de garance, qui est insoluble dans l'alcool. Le filtre devient violet. L'eau de potasse s'y colore en rouge.

J'ai épuisé, par du coton préparé pour la teinture, le principe colorant de 400 grains (21,867 grammes) de garance, le résidu a pesé 151 grains (8 grammes). Il y a donc eu deux cent quarante-neuf parties de principe extractif ou de principe colorant, sur quatre cents de racine de garance.

4°. Le réactif qui m'a paru le plus propre à donner quelque connoissance du principe colorant de la garance, considéré dans ses rapports avec la teinture, c'est l'acétate d'alumine préparé par la méthode que nous avons déjà indiquée.

La dissolution d'acétate d'alumine filtrée sur 400 grains (21,867 grammes) de garance, se colore en rouge ; la liqueur devient trouble par la chaleur, et forme un dépôt d'une belle couleur orangée ; la lacque ramassée par le filtre, et séchée, a pesé 2 grains (1,06230 décigramme).

Cette infusion est colorée d'un rouge-clair très-brillant, et on peut en précipiter une belle lacque par le carbonate de potasse : il est à observer que, si on emploie le carbonate en excès, la lacque prend une couleur vineuse, qu'on ne peut faire disparoître qu'en y ajoutant une nouvelle quantité de dissolution de garance par l'acétate.

Pour obtenir une belle couleur écarlate, il faut affoiblir la dissolution d'acétate, et la faire bouillir sur la garance jusqu'à ce qu'elle ait pris une belle couleur. On décante alors ; il se sépare, par le seul refroidissement, quelques flocons rouges, qui ne sont que de la couleur portée sur un peu d'alumine. Mais, en versant, dessus la liqueur, du carbonate de potasse en dissolution, il se fait un beau précipité écarlate, qui, vers la fin, devient vineux et un peu violet si on sature complètement par l'alkali. Il faut donc, pour obtenir une belle couleur, ne pas saturer d'alkali, et laisser toujours un peu d'acétate à décomposer. Lorsqu'on a tourné la couleur par l'addition d'un peu trop d'alkali, on la rétablit en ajoutant une nouvelle quantité du bain de garance et d'acétate, jusqu'à faire prédominer ce dernier sur l'alkali.

On fait bouillir une nouvelle quantité de dissolution d'acétate sur le résidu de garance, et on agit de même jusqu'à ce qu'on l'ait épuisée.

Les dernières lessives sont toujours les plus belles, et fournissent la plus belle lacque : les premières contiennent beaucoup plus d'extractif et de principe jaune.

L'ammoniaque précipite en violet.

En général, les garances qui ont servi dans les teintures, ne sont pas entièrement épuisées du principe colorant ; et, lorsqu'on les traite avec l'acétate par le procédé que nous venons de décrire, elles fournissent une superbe lacque[1].

On peut conclure de ce qui précède, 1°. que le principe colorant de la garance est un mélange naturel de jaune et de rouge, qui est fixé dans le végétal sur un principe extractif, plus abondant dans l'écorce que dans le corps ligneux ; 2°. que le principe jaune s'extrait, en plus grande quantité que le rouge, par les premiers lavages ; 3°. que ces deux principes très-solubles dans l'eau, ne peuvent néanmoins y être maintenus en dissolution qu'en très-petite quantité ; 4°. que ces deux principes ont la plus grande affinité avec l'alumine et l'huile.

Si, à présent, nous reportons notre attention sur les opérations du procédé par lequel on fixe la couleur de la garance sur le coton, nous verrons qu'elles sont toutes fondées sur les faits que nous venons d'établir.

On commence par décruer le coton, ou par en ouvrir les pores, pour qu'il puisse se pénétrer plus aisément des apprêts et des mordans.

Ensuite on l'imprègne d'huile, qu'on délaie convenablement par le moyen d'une lessive foible alkaline : on passe le coton, à plusieurs reprises, pour mieux répartir l'huile et la distribuer plus également sur toutes les parties.

Après cela, on engalle : et, ici, l'huile forme déjà une première combinaison avec la noix de galle, comme on peut s'en convaincre en mêlant une solution de savon à une décoction de noix de galle.

Cette première combinaison de l'huile avec la galle, a déjà la plus grande affinité avec le principe colorant de la garance ; mais la couleur est très-noire, très-sale, très-difficile à aviver. C'est pour cela qu'on ajoute à cette première combinaison un troisième principe qui rend le composé plus propre à fixer la couleur et à lui donner de l'éclat ; ce troisième principe, c'est l'alumine de l'alun.

Pour juger des effets de l'alun dans la teinture sur coton, il suffit de mêler une décoction de noix de galle à une dissolution d'alun : le mélange devient trouble dans le moment, et il se forme un précipité grisâtre qui, desséché, est insoluble dans l'eau et presque dans les alkalis.

Voilà donc une combinaison à trois principes, fixée au coton par une affinité très-forte, et très-avide du principe colorant de la garance.

Lorsqu'on a saturé le mordant à trois principes, de toute la couleur qu'il peut prendre, les lavages à l'eau et l'avivage par les lessives alkalines ne font que dépouiller le coton de tout le principe colorant qui n'est pas fixé sur le mordant, et qui adhère plus ou moins au tissu du coton ou à du mordant qui n'est pas fixé.

Le coton ne retient, après ces opérations, que l'huile, la galle et l'alumine fortement combinées et saturées du principe colorant. On peut y prouver, par l'analyse, l'existence de tous ces corps.

La composition acide dans laquelle on passe les cotons sortant de l'avivage, ne produit son effet que sur la couleur qu'elle change et avive.

FIN.

↑ Margraaf avoit parlé de la lacque de garance ; et M. Mérimée, cet artiste très-recommandable par un zèle éclairé pour les progrès des arts, a beaucoup travaillé sur cette lacque ; il a prouvé qu'on pouvoit l'obtenir aussi belle que celle de cochenille, et l'employer avec plus d'avantage.

EXPLICATION DES FIGURES

DE L'ART DE LA TEINTURE DU COTON EN ROUGE.

PLANCHE PREMIÈRE.

FIGURE Ière représente une terrine dans laquelle on passe le colon dans les mordans.

Fig. 2 représente une jarre dans laquelle on met les mordans.

Fig. 3 représente une cheville à laquelle on accroche le coton lorsqu'on veut en exprimer le mordant.

Fig. 4 représente deux des côtés d'une salle aux apprêts ou aux mordans. Les terrines et les jarres y sont figurées par des lignes ponctuées, attendu qu'elles sont enchâssées dans la maçonnerie.

Fig. 5 représente le plan d'une salle destinée aux apprêts, avec trois tables dans le milieu pour y déposer et *friser* les cotons.

Fig. 6 représente une chaudière d'avivage en cuivre.

PLANCHE II.

Fig. Ière représente un lavoir.

a Courant d'eau.

b Ouvrier qui lave du coton.

c Ouvrier qui tord du coton.

dd Chevilles établies sur les banquettes pour tordre les cotons.

Fig. 2 représente un étendage.

aa Rangs de l'étendage.

bb Barres chargées de coton.

cc Hangar.

dd Barres chargées de coton, mises à l'abri sous le hangar.

PLANCHE III,
Représentant le plan d'un Atelier de teinture.

a

Cour de l'atelier.　　*b*

Porte d'entrée.*c*

Logement du directeur des travaux.　*d*

Magasin pour les soudes.　　*e*

Magasin pour les huiles et le savon. *f*

Magasin pour les noix de galle et sumach.

g

Magasin pour les garances.　*h*

Atelier propre à broyer la garance.　*i*

Salle des mordans aux huiles.　　*k*

Salle des mordans d'alun et de noix de galle.　　*l*

Salle pour le bain acide ou *secret*.　*m*

Salle pour les chaudières de garançage et d'avivage.　　*nn*

Lavoir.*ooo*

Étendage.　*pp*

Hangar.

PLANCHE IV,
Représentant l'intérieur d'une Salle aux mordans.

aa

Ouvrier qui va plonger son coton dans la terrine où est le mordant. *bb*

Ouvrier qui foule son coton dans la terrine. *cc*

Ouvrier qui lord son coton à la cheville. *dd*

Femmes qui ouvrent ou qui frisent le coton sur la table. *ee*

Coton frisé remis en mateaux.

fff

Jarres ponctuées enchâssées dans la maçonnerie. *ggg*

Terrines enchâssées dans la maçonnerie. *hhh*

Chevilles.

TABLE

Par ordre alphabétique des Matières de l'Art de la Teinture du Coton en rouge.

A.

B.

la potasse, 152 *et* 153. Action de l'alcool, 153 *et* 154. Action de l'acétate d'alumine, 155 *et suiv.*

H.

J.

L.

M.

N.

O.

P.

R.

S.

T.

suiv.

V.

VAREC, 65.

VIOLET. Procédés de le former par la garance et l'indigo, 138. Par la garance et les oxides de fer, *ibid et suiv*. Moyens d'en varier la nuance, 142 *et* 145. Recettes ou compositions pour obtenir toutes les nuances du violet, 144. Causes des nuances ou bigarrures qu'on obtient sur le même coton, 144, 145, 146.

FIN

Printed in Great Britain
by Amazon